文字からわかる子どもの心理

教師のための筆跡診断マニュアル

村山千佳子＋山上隆男

はじめに　筆跡とこころ

30年ほど前に書道教室を始めてから、様々な大人と子どもの文字を見てきました。子どもの文字に関していうと、大きな文字を書く子は活発で外交的、小さな文字を書く子は控えめでおとなしい、文字の並びにバラつきのある子は集中力が弱い、乱暴な字を書く子は落ち着きがない、サーッと速く書く子は明るくてさっぱりしている、整えて書く子はきちんとしていて勉強もできる…と、書道を通じて感じるものがありました。

一方で、私が困惑したのは、子どもの悩みやこころの叫びを汲み取ることができなかったことです。泣きながら書いている子に、「どうしたの？」と聞いても話してくれない、体が固まって動けない、トイレに何度も行く…。どうしてよいかわかりませんでした。

子どものことで悪戦苦闘しているときに、偶然、テレビで「筆跡診断」という世界を知り、暗闇の中に光明を見つけたように思いました。日本筆跡診断士協会の存在を知った私は、協会会長・筆跡鑑定人の森岡恒舟先生から、自分の筆跡を診断していただきました。自分自身に対する長所・弱点など、核心をついた診断に深い感銘を受けました。そして先生は、筆跡診断を学ぶには人間性と人生経験が大切なこと、特に、学校の先生や書道の先生、保護者の方々には「筆跡診断」を知って、文字を通して豊かで楽しい人生を送るようにしてほしいと話してくださったことが強くこころに残っています。

筆跡診断士になってからは、文字を見ることで、子どもの性格・個性だけでなく、こころの悩みや叫びをかなり読み取れるようになり、より早く、より深く相談にのってあげられるようになりました。その一例として、中学2年生の女子生徒のことを紹介します。文字の行の並びがブレているのを見たので、「今日、学校どうだった?」と問いかけると、「…こんなことがあって、学校に行きたくない…」と話してくれました。ブレた文字を、真っすぐに書けるように修正してあげ、「これで大丈夫だよ。元気になってね」と言うと、にっこりしてくれました。さらに、毛筆で大きな一文字を書いてもらったところ、気持ちがスッキリして、ストレスが解消されたのか、その子は笑顔で帰っていったのです。

また、「へん」と「つくり」を組み合わせた文字の「へん」と「つくり」の空間はこころの広さに比例するので、いつもより狭くなったり、ぶつかったりしたときは閉鎖的心理状態を示すことから、「お友達とケンカしたのかな?」、文字がいつもより小さくなったときはこころの萎縮を示すことから、「何か辛い思いをしたのかな?」と、声をかけてあげられるようになりました。今では「先生、聞いてよ…」と話しかけられ、書道の指導をしつつ、話を聞いたり、アドバイスをしてあげるのに忙しい毎日を送っています。

筆跡とこころの関係といえば、読者の皆様も文章やサインをする際に、日頃の文字の書きぐせとは別に、体調がよく意欲的なときは、文字が大きめで、はねや払い、筆圧も力強く書くことができるのに、逆に体調が悪いとか落ち込んでいるときは、字が小さく、線が細くなったり、みるからに弱々しい文字になってしまったという経験はないでしょうか。

本書は、「文字はこころを映す鏡」といわれる筆跡を活用して、子どもの性格や行動傾向、こころの状態を把握できる方法をわかりやすく解説したものです。具体的には、筆跡診断の知識をベースに、これまでの書道教室と、セミナーやイベント、筆跡診断やカウンセリングの経験・体験を加味し、学校や地域、家庭で起こる様々な子どもに関わる問題の悩みや迷いの把握・解決に役立てていただくマニュアルとしてまとめました。子どもの筆跡に表れる性格・行動傾向・心理状態をいち早くキャッチし、子どもとのコミュニケーションや教育、指導、支援に活かしていただくことが狙いです。あわせて、筆跡診断の観点から、日頃の書写教育の進め方についても参考となる所見を述べさせていただきました。子どもの筆跡や事例をまとめていますが、筆跡特徴や性格・行動傾向は大人であっても基本的には共通です。したがって、大人の筆跡診断の参考にもしていただけます。

私たちは長年にわたり、筆跡診断やメンタルカウンセリングを実践しています。このことから、単なる理論だけではなく、経験を通じて筆跡からその人を知ることができ、悩みや問題の改善にもつながることを実感しています。特に、子どもはまだ発育段階にあるため、自己表現や言語表現が未熟なところがあったり、成長・変化も大きいため、筆跡から手がかりを得るのは、とても意義があると考えられます。加えて、子どもはとても柔軟性があるので、筆跡改善によって明るさや元気を取り戻しやすいのです。ぜひ、筆跡診断と筆跡改善のノウハウを子どもたちの教育・指導のツールにしていただくことを願っています。

文字からわかる子どもの心理
──教師のための筆跡診断マニュアル

目次

第3章　「こころの信号文字」を見つけたら…

第1章

筆跡診断とは

筆跡とは、書いた文字の跡、文字の書きぶりのことをいいます。筆跡診断とは、書いた人の性格・行動傾向や深層心理が筆跡に表れるとする筆跡学に基づいて分析し、人物像を推定するものです。

例えば、偉業を成した人、挫折する人、能力があるのに上手くいかない人、元気な人、おとなしい人、密かに夢を持つ人などは、それぞれに共通した文字の特徴があります。その文字の特徴は、大きい、小さい、角ばっている、丸い、線の長短、はね方、空間の取り方などに表れています。

人の性格・個性は、生まれながらの性質（体質と気質）と、生まれてからの生育環境によって身に付くものの感じ方・考え方・行動傾向が相まって、その人らしさが特徴付けられていきます。日常生活の中で繰り返される行動は、体が覚えて習慣となり、無意識の行動にも表れます。文字を書くという習慣もその一つで、書くときに、いつも表れる筆跡の特徴は、その人の性格・個性とほぼ一致します。それがその人の行動や思考のパターンであり、その人の人となりなのです。

人の性格や行動傾向が筆跡に表れるということは、こころの変化や行動傾向が変化すれば、筆跡が変化するといえます。言い換えれば、筆跡を変えれば、人のこころや行動傾向が変わるともいえるのです。したがって、筆跡診断では単に診断結果を伝えるだけではなく、書いた方にとってよりよい生活が送れることを願って、問題文字・危険文字の改善提案もさせていただくようにしています。

筆跡診断の依頼を受け、診断結果をお伝えすると、ほとんどの方が、「まぁ、ピッタリあたっているわ！どうして、そんなことまでわかっちゃうのかしら？」「私にはこんな長所や能力、適性があるのね。勇気をもらったわ。これからはもっと自信を持って頑張らないと…」「この辺は、問題がありそうだから気を付けないと…」「元気になれる文字の書き方を身に付けられるように、練習していきます」…などの感想をいただきます。ときには、診断内容に解せない様子を見せる方もおられますが、それは人から指摘されるほどではないのにと感じたか、ご自分では自覚できていないことであったとも考えられます。

このように筆跡診断は、人生をより楽しく、より豊かにするため、自分にとってよい筆跡を身に付けていただくことも大切にしている手法です。

筆跡診断の方法

筆跡診断は、一文字ごとの筆跡の特徴と紙面をどのように使っているかの二つから判断します。その判定基準となっている筆跡の型とその型に表れやすい性格や行動傾向は、日本筆跡診断士協会創設者の森岡恒舟氏による分類、分析、研究から体系化されたものがベースになっています。

とはいえ、人間はとても複雑な仕組みを持った存在であり、筆跡だけからその人の性格・行動傾向のすべてを解明することはできません。森岡氏によれば、よりよい筆跡診断をするには、日頃から多くの方と触れ合い、その筆跡を観察し、性格学や心理学などを学び、人の思考、感情、行動、身体の反応やつながりを理解しなければならないと強調されています。教師は児童・生徒の筆跡にたくさん触れる機会に恵まれているので、日々筆跡診断を活用しやすい環境にあるといえるでしょう。一般の方は、家族や友人、知人、会社関係者のお子さんなどの筆跡がよい教材となり、コミュニケーションや心配りに活かせます。

筆跡診断の材料は特に制約はなく、ご本人が書いたものであればどんなものでも問題はありません。ただし、**筆圧や文字の勢いをみるにはボールペンやシャープペンシルよりは**

鉛筆のほうが望ましいでしょう。毛筆も起筆、送筆、収筆の特徴がよく出るので診断しやすいです。筆跡の変化を読み解きたい場合は、同じ用紙、同じ様式に書いてもらい、日付を記しておけば、より明確な診断が可能です。

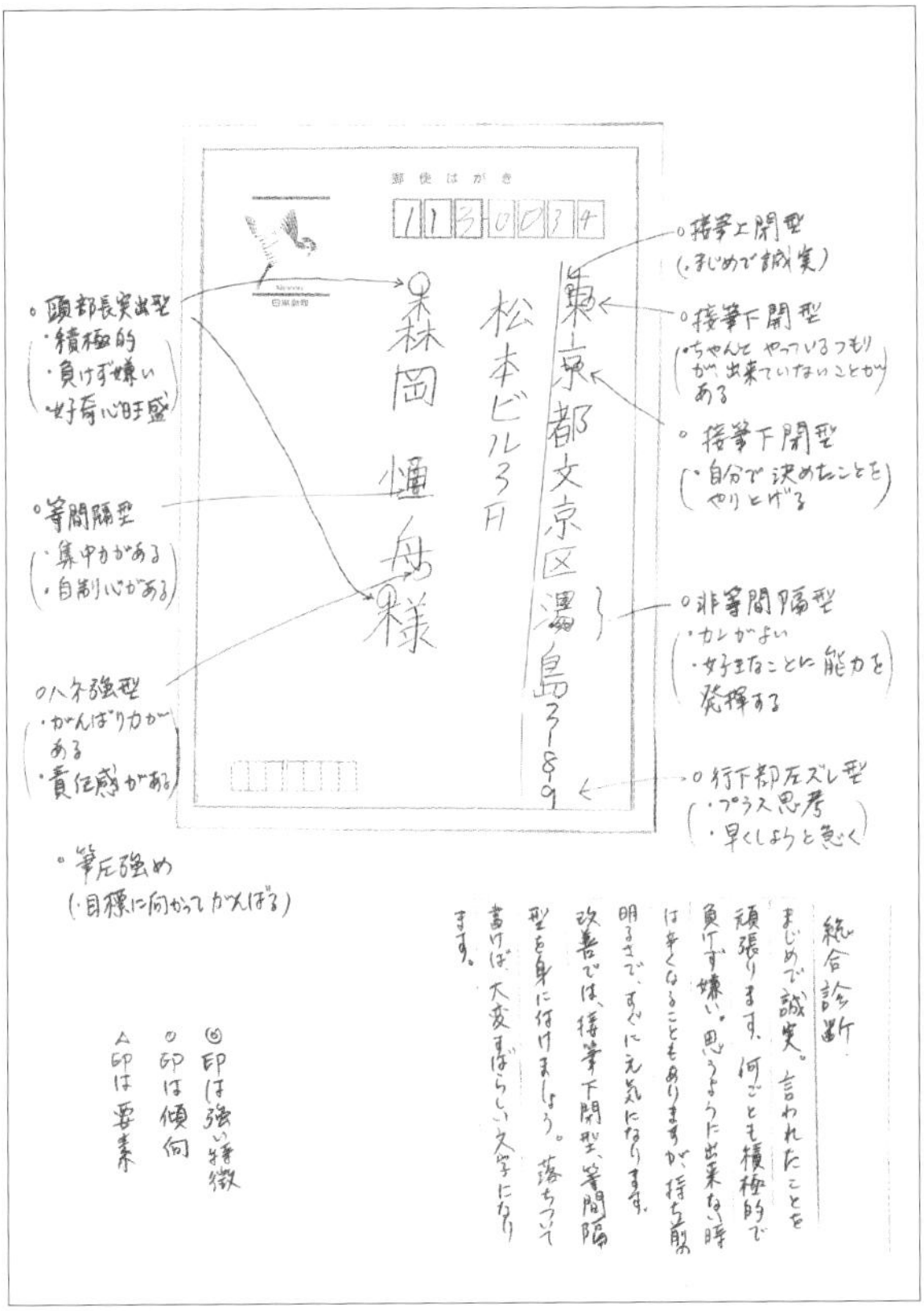

筆跡診断書の事例

問題行動と筆跡診断

学校で発生する暴力行為、いじめ、不登校、ひきこもり、中退、自殺などの問題は、教師や保護者の大きな悩みのタネであり、その改善・指導は常に課題となります。こうした問題では、目に見える行動そのものよりも、目に見えない子どもの内面やこころの問題が根本的な原因だと考えられます。こうした場面でこそ、こころを映す筆跡診断が大きな力を発揮します。

問題行動につながる要素は、三つあります。一つ目は性格や個性、二つ目は生育環境・生活環境、三つ目は問題行動を起こすきっかけとなるストレスです。

一つ目の性格や個性は時間をかけて生活を共にすれば次第にわかってきますが、例えば年度初めなど、初めて担任になったばかりの頃はわからない面が多いでしょう。しかし、筆跡診断を使えば、子どもが書いた文字から、性格・個性・心理状態など、子どもの精神的な状態を把握することが可能です。把握できた性格などを基に日頃の言動を見ていけば、注意して見守ることができ、問題行動を起こす前に指導・アドバイスすることができます。

二つ目の生育環境・生活環境は、学校生活だけでは見抜けない部分が大きいですが、子どもの心理状態を把握する上では重要な要素です。環境の変化が文字に表れることがあるので、筆跡診断を活用することで、面談や対話の材料にすることができます。

三つ目の問題行動を起こすきっかけとなるストレスは、本人の内面が大きく作用するため、客観的に把握しにくく、しばしば関係者を悩ませます。例えば、いじめや自殺では、本人や当事者、周囲が原因をなかなか話してくれないケースが多いです。こうしたケースでは、大きなストレスで苦しみ始めると子どもの筆跡が変化してくるので、それを読み解き、事実確認や状況調査、面談をタイムリーに行うことによって重大化を防ぐことができます。

こうした問題行動につながる要素が表れる文字のことを本書では「**こころの信号文字**」と呼びます（詳しくは第3章で述べます）。危うい筆跡を見つけたら子どものＳＯＳと捉え、すぐに話を聞いたり、相談に乗るなどして、大きな問題行動につながる前に手を打ちます。同時に、問題につながりそうな「こころの信号文字」の書きぶりを変えて、深層心理に働きかけていく筆跡改善指導を進めていくことが大切です。

そのためには、日頃からそういう筆跡の特徴を学び取り、「危うい」と感じる感覚と筆跡診断力を養っておくことが重要です。

コラム

発達障害と筆跡の診断・指導

子どもには、幼少期から筆跡診断に関わる読み書きそのものが難しい発達障害に悩むケースがあります。

発達障害にはいろいろな種類がありますが、日常生活はできるのに読み書き能力に難があるのは「学習障害（LD）」と呼ばれます。LDといっても、読み書きが非常に困難なディスレクシアから、一部の学習分野が苦手な程度といった幅があります。発達の遅れている能力がやがて回復してくる可能性を考え、その子の程度にあわせて粘り強く対処してあげる必要があります。

LDの子どもは、一般的に文字を枠内に書けない、読みにくい字になる、書き間違える、漢字を書くのは面倒くさい、などの問題があり、極端な縦長や、へんとつくりが大きく離れているなど、非常に違和感のある特異な文字になります。したがって、通常の書写指導、筆跡診断はかなり困難になるのですが、その筆跡にこころが反映されることに変わりはありません。本書の筆跡診断や筆跡改善・指導のノウハウも参考にしてほしいと思います。

書写能力を高める文字トレーニングの工夫では、より大きなマス目の用紙を準備する、ひらがなを多くして漢字は小学校低学年のものに絞る、やさしい一字書きに時間をかける、などがあります。カウンセリングでは、その子どもの症状レベルや個性・特性を見て最適なカウンセリング手法や筆跡カウンセリング材料を選択します。そして、効果を見ながら、次のアドバイスをしていきます。

発達障害を抱える方の文字トレーニングやカウンセリングは、できない能力を高めたり、できる能力を発掘していくために必要なことを丁寧に実行していくので、その効果診断はとても時間がかかることを念頭に置く必要があります。

第2章

子ども筆跡診断マニュアル

筆跡から子どもを知る

第1章では、子どもが書いた文字や書きぐせから、その子どもがどのような性格で、どのような個性や行動傾向があるかを知る手がかりを得ることができるということを述べました。本章では、実際の筆跡に基づいて、筆跡特徴と、その筆跡によくあてはまる子どもの性格や行動傾向を見ていきましょう。また、筆跡型分類の末尾に、診断ポイントと筆跡改善ポイントを示しました。

子どもの筆跡診断は、特に生育環境を考慮する必要があります。子どもは成長の過程にあり、成長の個人差も大きいため、成長のスピードが著しい幼児期〜小学校低学年においては留意が必要です。そして、文字の習い始めの時期でもあるため、筆跡が安定しにくいことも踏まえておきましょう。

筆跡診断は子どものすべてを明確に判断するものではなく、子どもを知る手がかりとして活用していくことが大切です。多方面から観察したり、情報収集したり、対話したりしながら子どもを理解していく必要がありますが、筆跡診断は、その節目節目で大きな役割を果たしてくれます。

診断基準

・枠は漢字ノートなどのマス目を基準にします。
・宛名住所・名前は、書写の教科書（手紙やハガキの書き方）を基準に見てください。

※筆者は、小学４年生から宛名書きをしてもらい、筆跡診断をしています。宛名の住所・氏名は、日本筆跡診断士協会の元住所（現在は移転）と会長名を使用しています。

●文字の大きさは、心的エネルギーや行動力の度合いを示します。

大字型1

（小学2年・女子）

●筆跡特徴

・枠いっぱいの大きさで伸び伸びと書いている。

●性格や行動傾向

・元気で行動力がある。
・好奇心旺盛。
・天真爛漫に表現しているが、自分本位なところがある。

大字型2

（中学1年・男子）

●筆跡特徴

・枠をはみ出すなど、乱暴な書き方である。

●性格や行動傾向

・自己主張が強い。
・言動が乱暴になる。
・感情が抑えられない。

※直線的で角ばっていたり、筆圧が強い場合は、感情を抑え過ぎて、こころがパンク状態の可能性がある。

⬇

（小学4年・女子）

診断ポイント

・文字の大きさを見る。

・枠のある場合は、枠（社会）をどう捉えているかを見る。

・小学校低学年は、文字が大きくなりやすいが、乱暴な書き方でなければ多少のはみ出しは見守る。

筆跡改善ポイント

・枠からはみ出す傾向が強い場合や乱暴な書き方の場合は、枠を意識し、丁寧に書くようにする。

小字型（しょうじ）

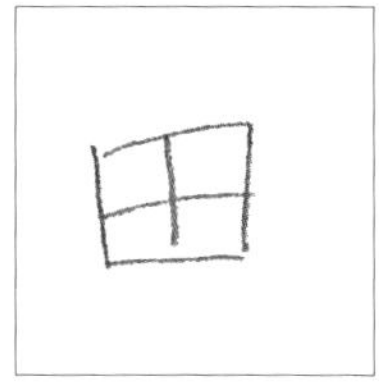

（小学２年・女子）

●筆跡特徴

・全体的に小さく、余白の方が多い。
・丁寧に書いている。

●性格や行動傾向

・自分の得意な分野で力を発揮する。
・コツコツ型で堅実。客観的。
・安定志向で目立つ行動はしない。おとなしい。

※いつもより小字になった場合は、悩みを抱えている可能性がある。

極小型（ごくしょう）

（中学３年・女子）

●筆跡特徴

・全体的にとても小さい。

●性格や行動傾向

・元気がない。
・自己表現が上手くできない。
・自分に自信がない。
・心身に苦しいものを抱えている可能性がある。

※大きさが揃っている字の中に1〜2字の小字、または極小の文字がある場合は、辛い体験の傷が残っている可能性がある。

↓

（小学6年・女子）

診断ポイント

・小字は、子どもによっては気質的に合っていることがある。行動傾向が明るく元気であれば見守る。

筆跡改善ポイント

・遠慮がちで自己表現がしづらい場合は、大きめに書かせてみる。
・極小の文字は少しずつ大きく書けるように指導する。
・左右払いを長く払うように指導すると、自然と大きく書けるようになる。

大字・小字混合型

（小学５年・男子）

●筆跡特徴

・大字・小字が混じっている。
・傾きが不揃いで統一感がない。

●性格や行動傾向

・気分に左右され、感情の起伏がある。
・集中力や落ち着きがない。こころが不安定。

診断ポイント

・大きさが揃っているか、大字・小字のバラつきがないかを見る。
・通常、漢字はかなより大きくなり、漢字・かなとも、画数の多い字が大きくなるので、それを考慮して大きさを見る。
※小学校低・中学年では画数の多い字は特に大きくなりやすいので、極端でない大字・小字のバラつきは見守る。

筆跡改善ポイント

・大字・小字のバラつきが大きい場合は、同じくらいの大きさで書けるようにする。

●**接筆上部の開閉**は、**社会に対する態度や物事の考え方**を示します。

「接筆」とは、線と線が接するところをいいます。

接筆上閉型

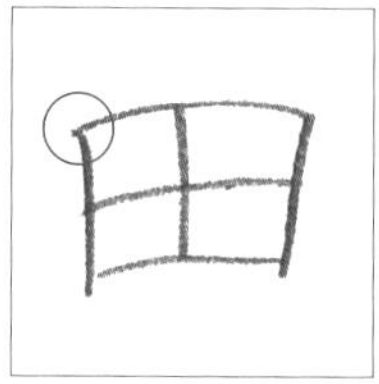

（小学２年・女子）

●**筆跡特徴**

・四角く閉じる接筆左上部が閉じている。

●**性格や行動傾向**

・真面目で信念がある。意志が強い。
・几帳面で、何事もきちんとしようと考える。
・潔癖さがある。

接筆上開型

（小学５年・男子）

●**筆跡特徴**

・四角く閉じる空間の接筆左上部が開いている。

●**性格や行動傾向**

・細かいことを気にしない。
・規則にこだわらない。

※開きの度合いが大きいほど、ルーズ性につながる。物事を後回しにしたり、そもそも行わなかったりする。

診断ポイント

・接筆左上部が閉じているか、開いているかを見る。

筆跡改善ポイント

・接筆左上部は閉じるようにする。

●接筆下部の開閉は、行動の終わり方を示します。

接筆下閉型（せっぴつかへい）

（小学４年・男子）

●筆跡特徴

・四角く閉じる空間の下が閉じている。

●性格や行動傾向

・決めたことをやり遂げる。

・堅実、自制心がある。

・けじめがつけられる。

接筆下開型（せっぴつかかい）

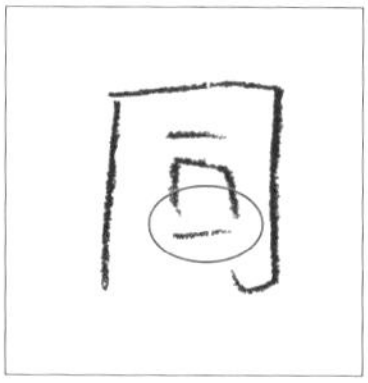

（中学１年・男子）

●筆跡特徴

・四角く閉じる空間の下が開いている。

●性格や行動傾向

・やり遂げる気持ちが弱い。

・逃げたい自分に負ける。

・思うようにできない。

※開きの度合いが大きいほど、持久力ややり遂げる気持ちが弱い。

診断ポイント

・接筆下部が閉じているか、開いているかを見る。

筆跡改善ポイント

・接筆下部左右は閉じるようにする。

●**転折**は、折れや曲がりの角の部分を指し、**実際の行動のあり方**を示します。

転折角型（てんせつかく）

（小学２年・女子）

●**筆跡特徴**

・折れ部分が角ばっている。

●**性格や行動傾向**

・まじめで手を抜かない。

・規則や約束を守る。

・「いい加減」を嫌う。

・几帳面。

転折丸型（てんせつまる）

（中学１年・女子）

●**筆跡特徴**
・折れ部分が丸い。

●**性格や行動傾向**
・明るく愛想がよい。
・細かいことを気にしない。楽天的。

※下図の事例の場合は、書くのが面倒で、早く書いたり、つなぎ文字で書くので丸くなりやすい。

（小学５年・男子）

●**性格や行動傾向**
・いい加減になりやすい。
・几帳面さに欠ける。

診断ポイント
・折れ部分が角ばっているか、丸いかを見る。

筆跡改善ポイント
・折れ部分は角ばるようにする。

●接筆と転折の組み合わせのケース

例……「今日の宿題はどうするか?」

接筆上下閉型 ＋ 転折角型

（小学３年・男子）

必ずきちんとしようと考え、やり遂げる。

接筆上下開型 ＋ 転折丸型

（小学６年・男子）

必ずしようとは考えない。できなくても気にしない。

接筆上開下閉型 ＋ 転折丸型

（中学３年・女子）

できるときにしようと考える。気負わずにする。

接筆上閉下開型 ＋ 転折角型

（中学１年・男子）

きちんとしようとする気持ちはあるけれどできない。

●縦線頭部突出の長さは、自己主張の強さを示します。

頭部長突出型（とうぶちょうとっしゅつがた）

（小学４年・男子）

●筆跡特徴

・横線の上部から書く縦線の突出が長い。

●性格や行動傾向

・自己主張が強い。
・率先して行動する。
・デリケートなところがあって、周囲を気にする。
・上から抑えられるのを嫌う。

※孤立することもあり、悩みを抱える子どもに多い筆跡。

頭部突出控えめ型

（中学２年・女子）

●筆跡特徴

・横線の上部から書く縦線の突出が短い。

●性格や行動傾向

・自己主張が控えめ。

・友達と仲良くできる。協調型。
・大勢の前で気後れする。
・強く言われると委縮したり、落ち込みやすい。

診断ポイント

・上への突出線の長さを見る。

筆跡改善ポイント

・長すぎず、短すぎないよう、適度の長さにする。

●払いの長短は、自己表現の度合いを示します。

左払い長型

（小学２年・女子）

●**筆跡特徴**

・左払いが長くなめらかに払っている。

●**性格や行動傾向**

・伸び伸びと自己表現ができる。

・外交的。

・ほめられると頑張る。

・オシャレに関心がある。

※左払い長すぎは、自己顕示欲が強い。

⬇

（小学６年・男子）

右払い長型

（中学2年・女子）

●筆跡特徴

・右払いが長く伸びている。

●性格や行動傾向

・一生懸命、人に尽くす。
・愛情深く、優しい。
・感動・感激しやすい。

※筆圧が強めの右払い長すぎは、感情を抑えられない。

左右払い短小型

●筆跡特徴

①短く払う。

（中学1年・女子）

②短く止める。

（小学6年・女子）

●性格や行動傾向

①・自己表現が少ない。
・目立つことを好まない。

②・気持ちを抑える。

※言いたいことを言えない子に多い筆跡。

診断ポイント

・適度な長さで払えているか、払いが短い場合は、払っているか、止めているかを見る。

筆跡改善ポイント

・左払いは1、2、3でなめらかに払うように、右払いは1、2で止まり、3でスーッと払うようにする。（下図）

●等間隔・平行度は、調整能力・論理性を示します。

等間隔型

（小学2年・女子）

●筆跡特徴

・線と線の間隔が同じ。

●性格や行動傾向

・筋道を立てて考える。
・集中力があり、手先が器用。
・心が安定。
・公平性が強く、間違いなどは正そうとする。
・調整能力がある。
・勉強ができる。

※活字体のような、きっちりした等間隔は、こだわりが強いことを示す。

非等間隔型

（小学４年・男子）

●筆跡特徴

・線と線の間が不揃い。

●性格や行動傾向

・気分にムラがあり、好きなことは頑張る。
・勘はよいが、計画性に欠ける。
・整理整頓が苦手。
・注意力が散漫で、規則や約束事が苦手。
※日頃から非等間隔型の子は芸術的感性を持っている可能性がある。非等間隔が顕著になってきた場合は、こころが不安定になってきたことが考えられる。

診断ポイント

・ほぼ等間隔に同じリズムで書いていけるかを見る。

筆跡改善ポイント

・縦線・横線ともに、一本一本の起筆、収筆は止めをしっかりさせ、等間隔にする。

コラム

等間隔の役割

縦線または横線の三本以上の線で作られた線の間隔が揃っていると、見やすく美しく感じられます。一本の線を引き、一呼吸して、二本目の線を引く。同じ呼吸のリズムで線を引くのでとてもこころを落ち着かせます。

等間隔性を持って書ける子どもは、等間隔でないと「おかしいな」と感じて書き直すようになります。この「おかしいな」と感じる感性が子どもの成長にとって大切になります。

等間隔が自然に書けるようになると、バランス感覚や美意識が養われ、手先が器用になり、文字が上達します。等間隔が身に付くことは、筋道を立てて考える計画性や公平性、平等感覚等にも通じていきます。人としての基本的能力や適応力を育てる大切な役割が含まれているのです。

●はねの強弱は、粘りや責任感の度合いを示します。

はね強型

（中学２年・女子）

●筆跡特徴

・力強くはねている。

●性格や行動傾向

・頑張り屋。

・粘り、責任感が強い。

・面倒見がよい。

・頑張りすぎて辛くなることがある。

※はねが強すぎ、または、はねが長く筆圧が強い場合は、自己顕示欲が強い。

↓

（中学１年・男子）

はね弱型

（小学５年・男子）

●筆跡特徴

・はねが弱い、小さい。はねがない。

●性格や行動傾向

・手早い。
・あっさりしている。
・粘り、責任感は不足ぎみ。
・こだわりが少ない。

※筆圧が弱い場合は、気力が弱い。

↓

（小学６年・男子）

診断ポイント

・はねの有無を見る。
・はねの強すぎ、長すぎはないかを見る。
・はねる前に、いったん止まって、強くはねているかを見る。

筆跡改善ポイント

・はねる前に、いったん止まることを意識して、それから力強くはねるようにする。

●**起筆のあり方**は、**物事を始める意志の強さ**を示します。

起筆（きひつ）すなお型

（小学3年・男子）

●**筆跡特徴**

・起筆（書き始め）が、スーッと入っている。筆圧も強くない。

●**性格や行動傾向**

・素直で、人に好かれる。

・自己主張が少なく、人の意見に左右されやすい。

起筆ひねり型

（小学5年・男子）

●筆跡特徴

・起筆に強い打ち込みがあり、ひねりが強い。筆圧も強い。

●性格や行動傾向

・自分なりの考えを持っていて、意志が強い。

・意地をはることがある。

・理屈っぽい。

診断ポイント

・起筆の入り方とその強さを見る。

※毛筆では起筆ひねりは普通だが、硬筆での起筆ひねりは少ない。

筆跡改善ポイント

・起筆はいったん止まってから書き始め、ひねりは弱くする。

●開空間（へんとつくりの間）は、心の広さを示します。

開空間広型（かいくうかんこう）

（小学５年・女子）

●筆跡特徴

・へんとつくりの間が広い。または、広すぎて文字の一体感がない。

●性格や行動傾向

・何でも受け入れてしまう。

・人から頼まれると断れない。

・人に好かれる。

※いじめに遭う子に多い筆跡

開空間狭型（かいくうかんきょう）

（小学５年・男子）

●筆跡特徴

・へんとつくりの間が狭い。

・ぶつかることもある。

●性格や行動傾向

・自己防衛の気持ちが強い。
・好き嫌いがはっきりしている。
・自分の領域を守る。

※友達とケンカしたときに、へんとつくりがぶつかっていることが多い。

（小学５年・女子）

診断ポイント

・へんとつくりの間の広さを見る（広い、狭い、広すぎ、狭すぎ、ぶつかっていないか）。
・へんとつくりは譲り合って書けているかを見る。

筆跡改善ポイント

・へんとつくりの間は、バランスの取れた空間（狭くならないように少し開け、広くしない）になるようにする。

●閉空間（口などの閉じた空間）は、心的エネルギーの大きさを示します。

閉空間大型（へいくうかんだい）

（小学３年・女子）

閉空間小型（へいくうかんしょう）

（小学４年・男子）

●筆跡特徴

・閉じた空間が大きい。

●性格や行動傾向

・心的エネルギーが大きく、元気ハツラツ。

・自我が強い。

●筆跡特徴

・閉じた空間が小さい。

●性格や行動傾向

・心的エネルギーが小さく、元気がない。

※いつもより小さくなった場合は、こころの萎縮が考えられる。

閉空間つぶれ型

（小学４年・女子）

●筆跡特徴

・閉じた空間がつぶれている。

●性格や行動傾向

・悩みや苦しみを抱えている可能性がある。

※あちらこちらに出ている場合は、危険信号が考えられる。

※線と線の間（線空間）のつぶれも同様に見る。

（小学４年・女子）

診断ポイント

・閉空間が小さくなっていないか、つぶれていないか、線空間は狭くないか、つぶれていないかを見る。

※小学校低・中学年は、閉空間が大きい傾向にある。

筆跡改善ポイント

・標準文字に合わせた閉空間の大きさにする。
・閉空間や線空間がつぶれないようにする。

●文字の傾きは、こころの安定感を示します。

右傾型

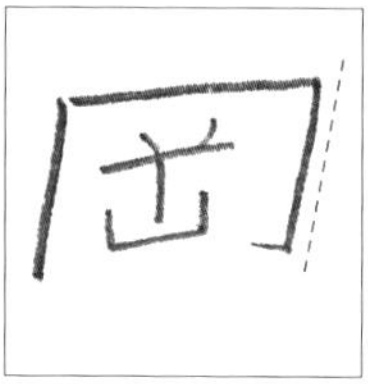

（小学５年・男子）

●**筆跡特徴**

・構えの右側の縦線が傾いたり、字全体が右に傾いていて安定感がない。

●**性格や行動傾向**

・心理的に倒れやすい状態。
・不安定な方向に引き寄せられる。

※文字の変化として出てきた場合は、こころの不安定化が考えられる。

下狭型（かきょう）

（中学１年・女子）

●筆跡特徴

・構えの下方が狭くなる。
・しりすぼみで安定感がない。

●性格や行動傾向

・心細さや不安を感じやすい。
・マイナス思考。

※小学校低学年は、右側縦線が内側に入る下狭型が多い。

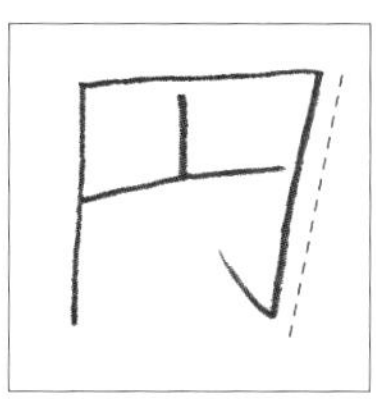

（小学２年・男子）

診断ポイント

・文字の形に安定感があるかを見る。
※縦線の斜めは不安定さを感じさせる。

筆跡改善ポイント

・倒れそうな形を見て、危ないと感じる感性を持たせる。
・文字全体が倒れないように、構えのある字は両側縦線を真っすぐに、または、下方をやや末広がりにする。

●文字の姿勢（水平性）は、社会や集団への向き合い方を示します。

右上がり型

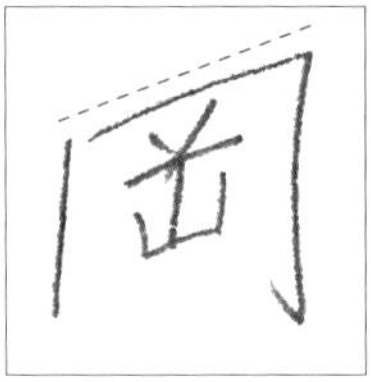

（小学５年・女子）

●筆跡特徴

・右上がり度が強い。

●性格や行動傾向

・一生懸命に頑張る。
・思いが強くひたすら前進する。

右下がり型

（小学6年・女子）

●筆跡特徴

・右に下がる。

●性格や行動傾向

・客観的で理屈っぽい。

・冷めている。

※言いたいことを抑えてしまう子に多い筆跡。右上がりからの変化は、反発姿勢を表すことが考えられる。

診断ポイント

・やや右上がりに統一されているかを見る。

・水平と右上がりと右下がりが混在している場合は、社会に向き合う姿勢が一定せず、こころが不安定になっている可能性がある。

筆跡改善ポイント

・やや右上がり10度くらいになるようにする。

●**余白の取り方**は、**集団の中や人に対する接し方**を示します。

行左寄り型

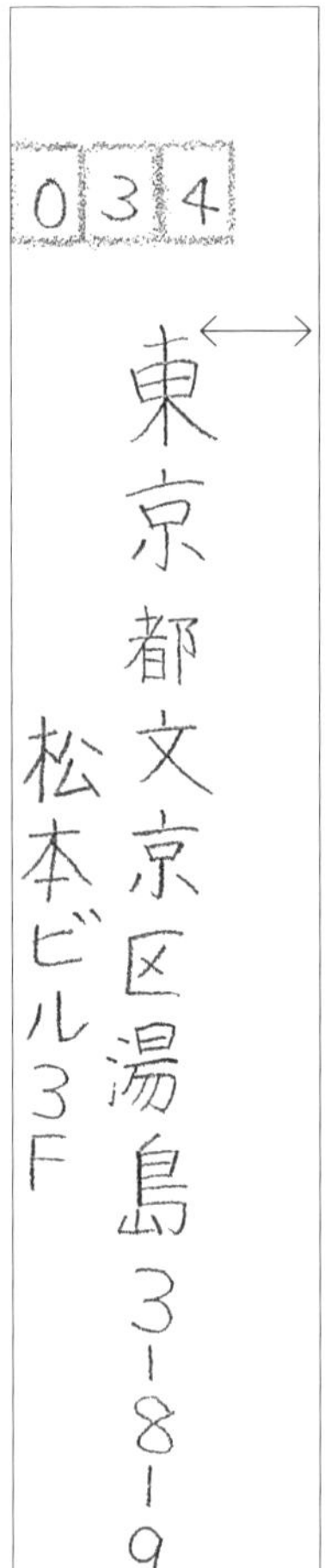

（中学２年・女子）

●筆跡特徴

・書き始めの行が右側余白を広く取っている。

●性格や行動傾向

・外向的、プラス思考。

・人の中に出ていくことをためらわない。

※縦書きの場合、左側は進行方向（未来）、右側は壁（過去）と考える。

行右寄り型

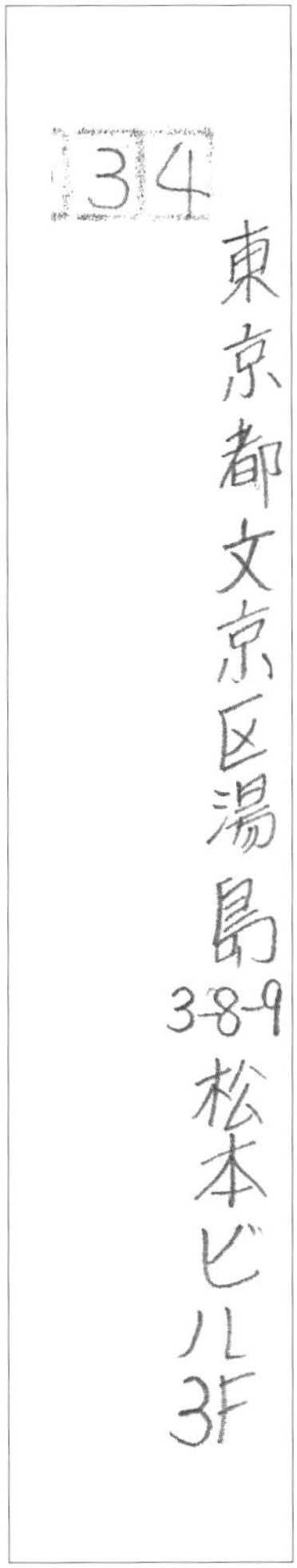

（中学１年・女子）

●**筆跡特徴**

・書き始めの行が余白を取らず、右端に沿って書く。

●**性格や行動傾向**

・おとなしい、目立つのを好まない。

・片隅が好き、隅の方が落ち着く（片隅志向）。

※いつもより右寄りになった場合は、引っ込み思案になっているなど、内向性が強くなっている。

診断ポイント

・文字列を、空間の中でどの位置に書くのかを見る。

・広いところ（中央）か、隅の方に書くのかを見る。

筆跡改善ポイント

・右端ぴったりでなく、1㎝くらい開ける。
・余裕（余白）を持って書けるようにする。

●**行の垂直性**は、**精神力・集中力の度合い**を示します。

行うねり型

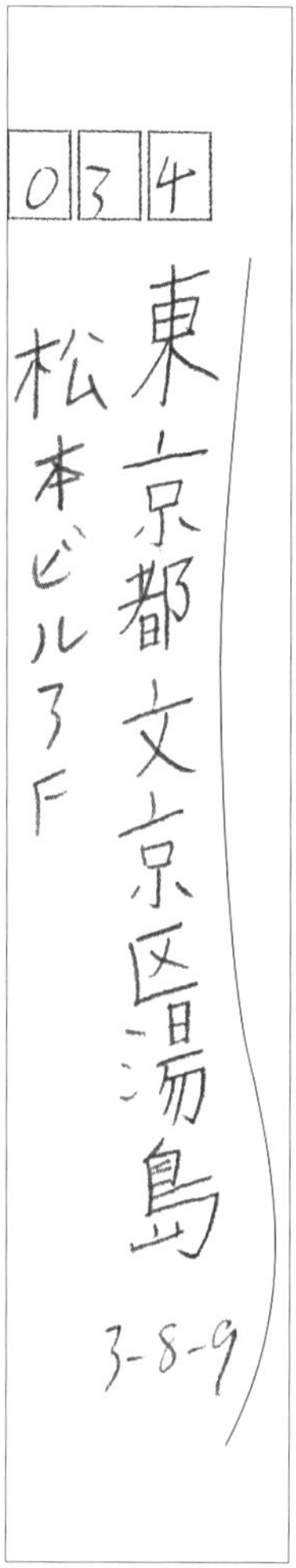

（小学5年・男子）

●**筆跡特徴**

・行がなだらかにうねる。
・うねりにリズムがある。

●性格や行動傾向
・リズム感があり、感性豊か。
※スポーツ・音楽系が好きな子どもに多い筆跡。

行ブレ型

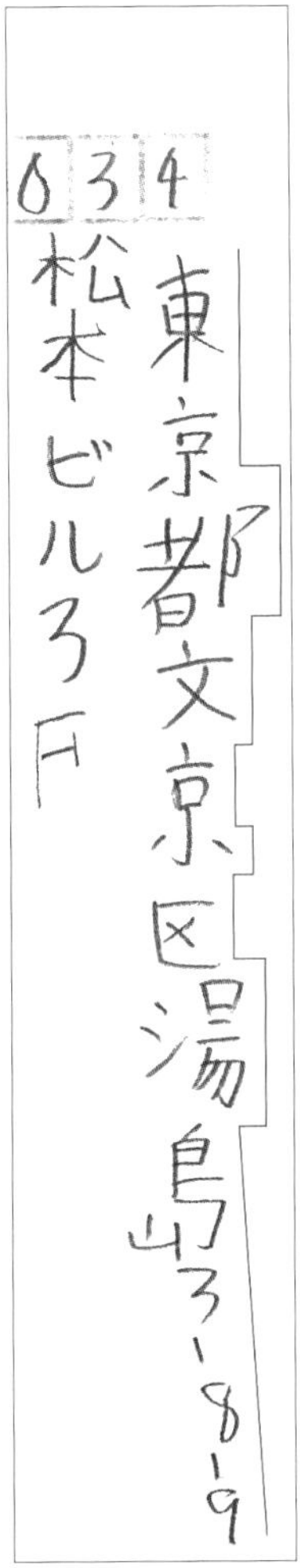

東京都文京区湯島3-8-9
634
松本ビル3F

（小学4年・男子）

●筆跡特徴
・1字ごとにあちらこちらに向いて行がブレていく。

●性格や行動傾向
・感情の起伏がある。
・注意力・集中力が散漫。
・自分本位になりがち。

診断ポイント

・小学校低学年は、真っすぐに書くのは難しい。
・小学校中・高学年くらいから、ほぼ真っすぐに書けてくる。
・中学生では垂直性の高い子どもが出てくる。

筆跡改善ポイント

・行のブレは、中心線を用意して真っすぐ書けるようにする。
・行の垂直性が高くなるほど、集中力がつき、精神力が強くなる。

行下部左ズレ型

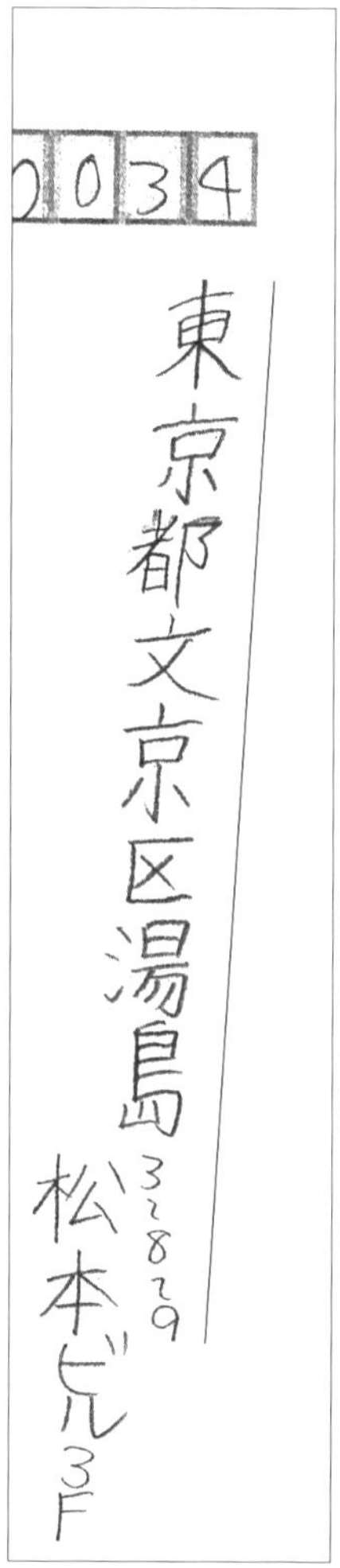

（小学6年・女子）

●筆跡特徴

・書き始めよりも左（未来志向・中央より）にズレていく。

● **性格や行動傾向**

・物事をよい方向へ、または楽な方向に考える。

※左ズレが極度の場合は、気持ちが急いている。

行下部右ズレ型

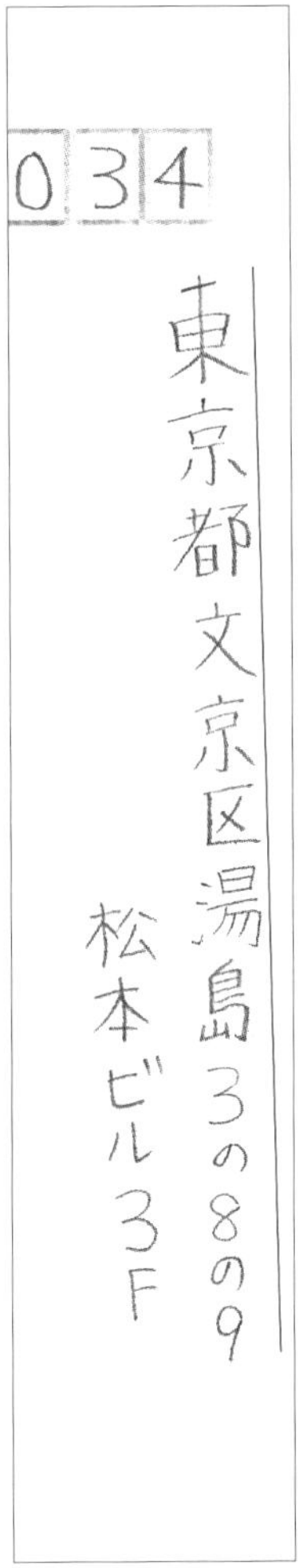

（小学6年・女子）

● **筆跡特徴**

・書き始めよりも右（過去・狭い方）にズレていく。

● **性格や行動傾向**

・マイナス思考になりがち。

・不安や心配事を持っている可能性がある。

診断ポイント

・行下部が右、または左に寄っていくかを見る。

筆跡改善ポイント

・中心線などを用意して、真っすぐ書けるようにする。

●**一字・一字の間隔**は、**動作のスピードやせっかち度合い**を示します。

字間アキ型

034
東京都文京区湯島三ー八ー九
松本ビル3F

(中学2年・女子)

●筆跡特徴

・一字・一字の間が広く開いている。

●性格や行動傾向

・マイペースで急ぐのは苦手。

・動作が遅く、次の行動に間がある。

※いつもより字間が広くなった場合は、体調が悪いケースがある。

字間ツマリ型

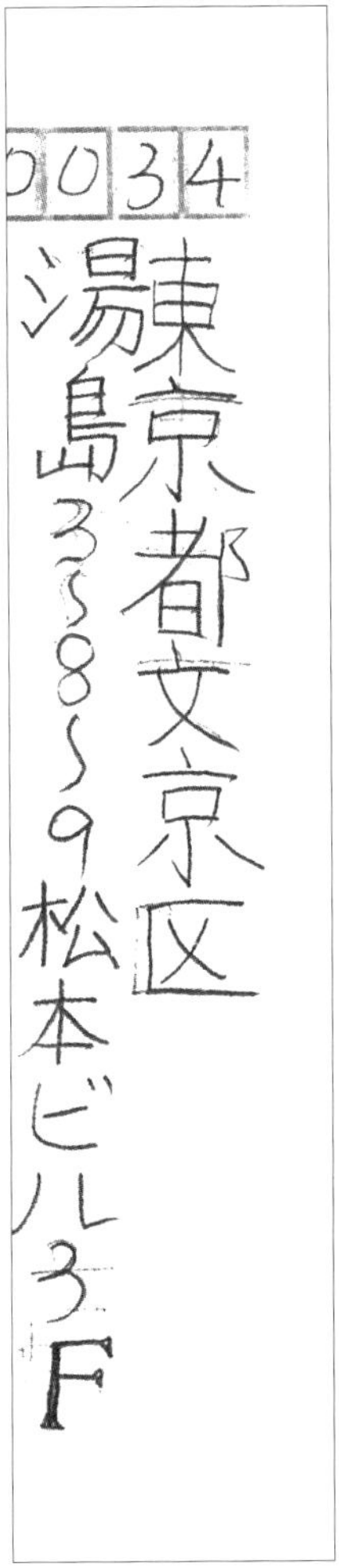

0034
東京都文京区
湯島3-8-9松本ビル3F

（小学４年・男子）

●筆跡特徴

・一字一字の間が詰まっている。ぶつかることもある。

●性格や行動傾向

・せっかちな傾向で気になることはすぐしたい。できないと落ち着かない。

診断ポイント

・字と字の間を詰めているか、広く開けているかを見る。

筆跡改善ポイント

・開きすぎずに適度に詰め、ぶつからないようにする。

●**乱暴な文字の勢い**は、**粗野な言動**を示します。

線衝突型

（中学１年・男子）

●筆跡特徴

・線と線がぶつかる。

・線を切る（交差させる）。

・乱暴。

●性格や行動傾向

・エネルギーが大きく、感性が鋭い。
・感情が抑えられない。
・勢いがあり、言動が荒々しくなっている可能性がある。

診断ポイント

・勢いの余り、線が衝突、線を切る文字があるかを見る。
・このような文字を書く場合は、ケンカをしたり、トラブルに発生する可能性があるので注意が必要。

筆跡改善ポイント

・等間隔でこころを整えながら、乱暴な文字、危うい文字を一つずつ改善する。
・線が衝突しないように、線を切らないようにする。

子どものタイプによって表れる筆跡

日頃から子どもの感情や行動などが表に出ている場合は、心理状態がわかりやすいのでコミュニケーションが取りやすいです。しかし、感情や行動に出さない、あるいは急に出さなくなったり、隠し事をしているなど、うまく表現できない子どものこころを知るのは、なかなか難しいものです。また、こうした問題とは別に、隠れた才能があるかもしれないという観点からも、筆跡を活用することができます。

本節では、いろいろなタイプ、性格、個性を持つ子どものタイプ別に、どのような筆跡を残しやすいのかを例示します。「こんなことに悩んでいるのではないか」「こんな状況が起きているのではないか」など、心配な子どもの言動傾向別に、どのような筆跡の特徴が出てくるかを見ていきましょう。

ここで得られる情報は１００％確実というものではないので、その傾向や可能性があるという捉え方をして、本人や友人との面談や相談に乗ってあげることによって、本人の悩みの解決や気付きを得られるようにしてほしいと思います。

こころの悩みや苦しいことがあると、心身が萎縮して落ち込んでしまうタイプ

物事がうまくいかない、いじめられた、裏切られたなどのストレスを受けた際に、ハッキリと口に出せずウツウツとして、内にこもってしまう。協調性があり、人に優しくて世話好き、自己主張は控えめ。

筆跡傾向

小字型、極小型、閉空間小型、閉空間つぶれ型（線空間つぶれ型）、行右寄り型

※遠慮がちに小さく文字を書いている印象が見られる。

ストレス反応として、イライラしたり、情緒不安定になってしまうタイプ

完璧を求めるので、ストレスを受けやすく、反発心から多少は口に出すものの、すべてはうまく吐き出せず、イライラ感が表情に出たり、情緒が不安定になってしまう。

筆跡傾向

大字・小字混合型、行ブレ型、右傾型、不揃いなどの乱れ文字、頭部突出ぎみ、直線的で角ばる筆跡

感情を抑制できず、問題行動に向かう恐れが強いタイプ

ストレスに対して、感情のコントロールができず、強く言い返したり、暴力を振るうなど、人やものに当たる問題行動を起こす恐れが強い。感情の起伏が激しい。

筆跡傾向

大字型2、線衝突型（交差あり）、右払い長型、はね強型、非等間隔型

※筆圧が強く、直線的で全体的に大きく、乱暴でなぐり書きのような印象がある。

感情表出を我慢するが、今にもパンク寸前になってしまうタイプ

日頃はしっかりしていて頑張り屋さん。できないことがあると、ふだんは感情を出さないようにしているが、ときには我慢しきれなくなって、いかにもパンク寸前を感じさせてしまう。

筆跡傾向

大字型1、頭部突出ぎみ、等間隔型、はね強型、下狭型、右下がり型

※全体に筆圧が強く、等間隔であることが、決めたことはきちんとやりたいという意

思を表している。直線的で枠いっぱいに書く筆跡が出て、感情を必死で抑えているが、頑張りすぎるとパンクしてしまうことがある。

いつも感情を抑えて、反発しないタイプ

なにがあっても、感情を表に出せず、自己主張をしない。こころを閉じていて、いじめを受けやすく、不登校でもかまわないと思っているマイペースタイプ。

筆跡傾向

右下がり型、小字型、行右寄り型、左右払い短小型、接筆上下閉型、転折角型

※全体的に払いや止めが短く、内にこもっている印象がある。

集中力が低下し、物事がきちんとできないタイプ

スマホやゲームなど、自分が夢中になっていることに気を奪われたりして落ち着かず、しっかり勉強ができない。片付けや身の回りのことを自力でこなすのが苦手。親が厳しいなどの外的要因による不安感も抱えている。

筆跡傾向

接筆上下開型、止め・はねが弱いか、またはない、下狭型、行下部左ズレ型

※筆圧が弱く、気力がなく、行動のけじめがつかない状態が筆跡に表れる。

ストレスで体調が悪くなったり、外では行動に出さないが、家でイライラをぶつけるタイプ

まじめで負けず嫌い、正義感やこだわりがあり、頑固な性格の持ち主である。プライドがあるので、上からの指示・命令を嫌う。

筆跡傾向

頭部長突出型、起筆ひねり型、接筆上下閉型、転折角型、等間隔型、はね強型

※身体症状として頭痛などが出やすく、思うようにならなかったり、人の不真面目を受け入れられないイライラが筆跡に表れる。

第3章

「こころの信号文字」を見つけたら…

子どもが悩みや問題を抱えると、その子の筆跡に必ずといってよいほど、なんらかのネガティブな解釈ができる筆跡が見受けられます。こうした筆跡が表れている文字のことを、本書では「**こころの信号文字**」と呼ぶことにします。「こころの信号文字」がたくさんあれば、「赤信号」の恐れがあります。「こころの信号文字」そのものが見当たらなくても、筆跡に変化があればそれが信号である可能性が高いです。

こうした「こころの信号文字」や筆跡の変化があり、実際に何か問題を抱えていた場合、筆跡を改善することで、こころのあり様が変化してくることがあります。本章では、実際に筆跡診断を行って「こころの信号文字」をキャッチし、筆跡指導によって、心理状況や行動傾向等を改善した事例を紹介します。

筆跡をつかむ

まず、事例の前に、「こころの信号文字」をどのようにして把握したらよいか、その手段について触れておきましょう。

● 日頃の子どもが自筆で書いたもの（ノートなどの提出物、答案用紙、書写の作品など）

を見て、「こころの信号文字」に該当する文字がないか、筆跡が危うい方向に変化していないかをチェックする。子ども自身や保護者、友人から、心配なことがありそうとの訴えや相談があったら、その子どもの書いたものを探して、あらためてチェックする。

●本人に筆跡診断用紙※を書いてもらい、「こころの信号文字」の有無をチェックする。

※例えば、ハガキや封筒の表面をコピーしておき、そこに縦書きで自分の住所・氏名を書いてもらう、または簡単な文章を作っておき、その文章を作文用紙に書いてもらうなど、筆跡を診断しやすいようにしたものを指します。決まった様式はないので、子どもの発達段階に応じて工夫して用意するとよいでしょう。

「こころの信号文字」改善事例

※事実を基にしたフィクションです。

事例1

反論できずに辛いけれど、面倒になることは言わない。（小学6年・女子）

状況

親の過剰な心配にいちいち言い返すのが面倒になり、反論しないようになった。中学校に入ると、部活の先輩や友達から、事実でないことを言われたが、もめ事になるのが嫌で黙っていた。面倒になることは反論しない。

初めて会ったときの印象は明るく、元気。協調性があり、みんなと仲良くできる子に見えた。ところが、筆跡を見るとSOSを感じ、「言いたいことは言えてるの？」と聞くと、少し涙ぐんでいた。

筆跡

● 小学6年・2月——ストレスを溜めるようになった頃

右下がりの書き方に客観的なものの見方・等間隔に論理的に考えるという性向が見られた。特に、頭部突出控えめ、左払い短い止め、行右寄り、小字混じりに、自己主張を抑えすぎてストレスを溜めているという「こころの信号文字」が見受けられた。

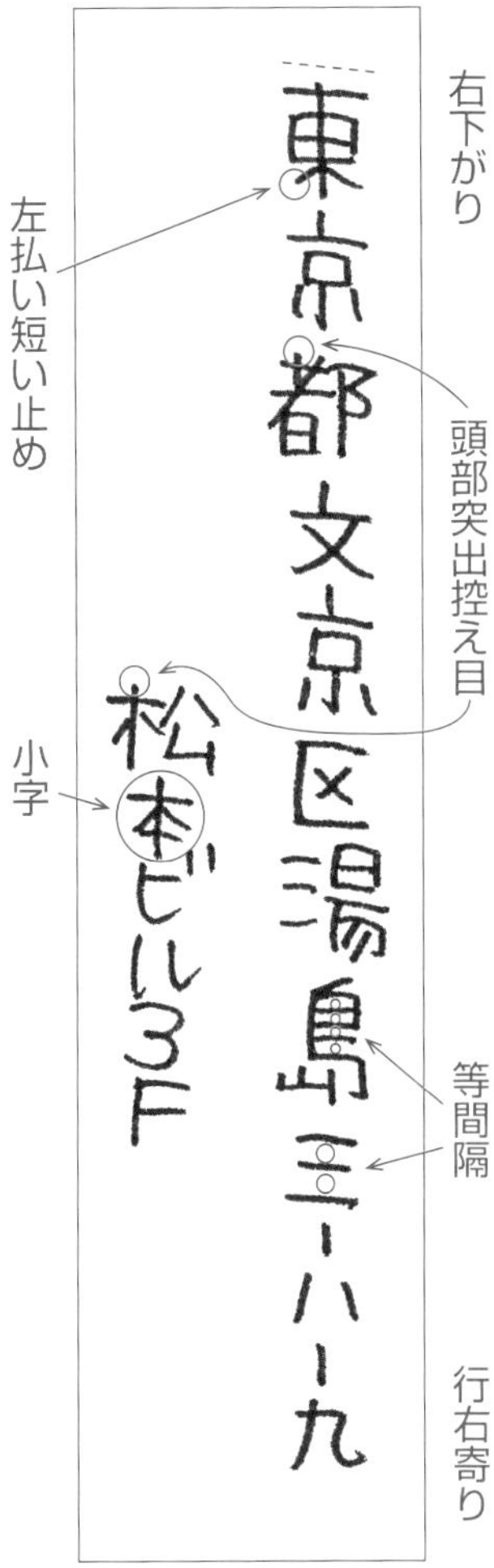

筆跡指導

文字の傾きをやや右上がりに、左右払いは伸び伸びと長く書くように指導した。

指導後

●中学1年・6月頃、元気で前向きになった。

やや右上がり、やや大字、左右払いが伸びてきた。左右払いが払えるようになった頃、笑顔が増えて明るくなってきた。言いたいことが少し言えるようになったとの報告と一致した。もともと、等間隔・頭部突出控えめの特徴を持っていたので、筆跡改善が短期間でできた。

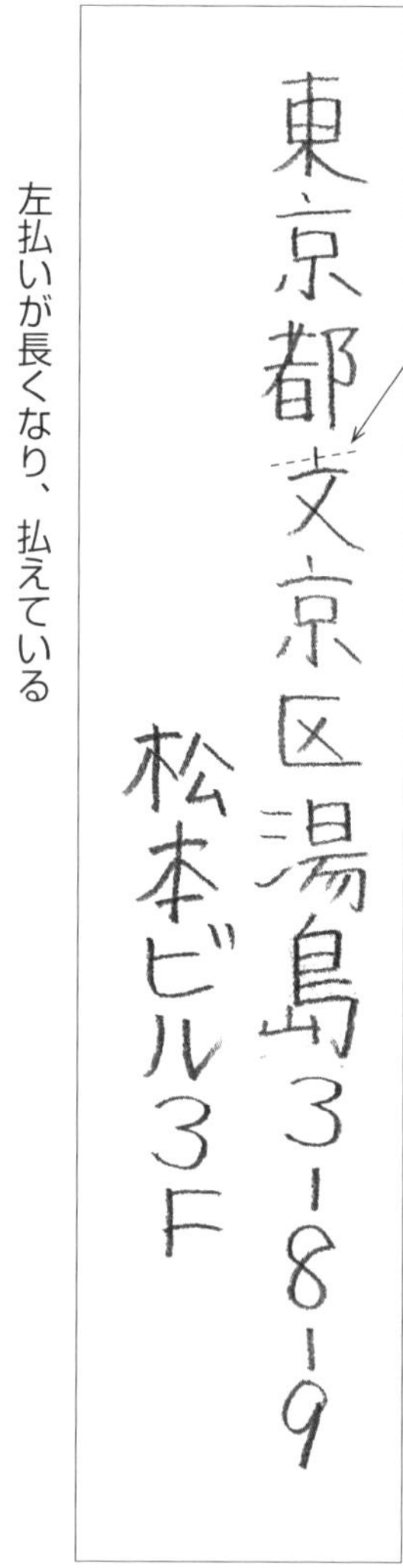

事例2

台風被害の体験から、一人でいるのが怖くなった。（小学5年・女子）

状況

台風で自宅が半壊の被害にあったため、被災後、夜一人で寝られなくなった。塾などの外出も家族の送迎が必要であった。自分からはあまり話さないが、将来の目標を持ち、勉強を頑張っている。

筆跡

●小学5年・4月——防御姿勢が強くなっている頃

接筆閉じ・転折角・はねをきちんと書いており、真面目でしっかり者と見られる。頭部長突出・起筆ひねりからは、自負心があり、頑張る様子が表れている。しかし、開空間が狭く、へんとつくりが衝突しており、防御姿勢が強いという「こころの信号文字」が見受けられた。自分からは話さず、友達ができないことと一致している。

筆跡指導

へんとつくりでできている文字は、へんの右側は揃え、間は少し開けて書くように指導した。

指導後

●小学6年・8月頃、自分から話すようになった。

開空間が広くなり、へんとつくりが衝突しなくなった。頭部長突出が減少してきた頃、自分から話すようになり、笑顔も増えて、友達ができたと喜んでいた。

事例3

いじめによる不登校状態から脱出した。（中学2年・女子）

状況

小学4年のとき、転校してからクラスメイトにいじわるをされた。その際は大きなこころの傷にはならなかったが、中学生になると、持ち物を隠されたり、教科書にいたずらをされたりといったいじめを受け、学校を休むことが多くなった。周囲から登校できるように気を遣われることを嫌い、マイペースでいたくて、ほぼ不登校状態が続いた。登校できた日も別の教室に一人でいた。最初の印象は、優しくて明るい女の子で、いじめを受けているようには見えなかった。

筆跡

●中学2年・10月──不登校状態の頃

行間の狭いノートに小字を詰めるという書き方に、自分の世界にこもり、自分を出さないという「こころの信号文字」が見受けられた。毛筆でも小字になり、余白が広すぎる傾向であった。

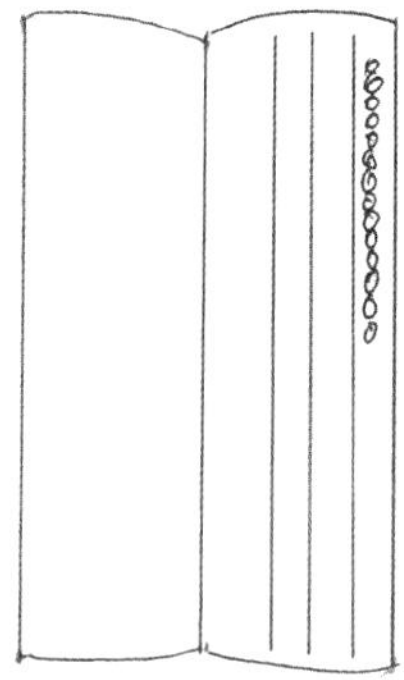

小字

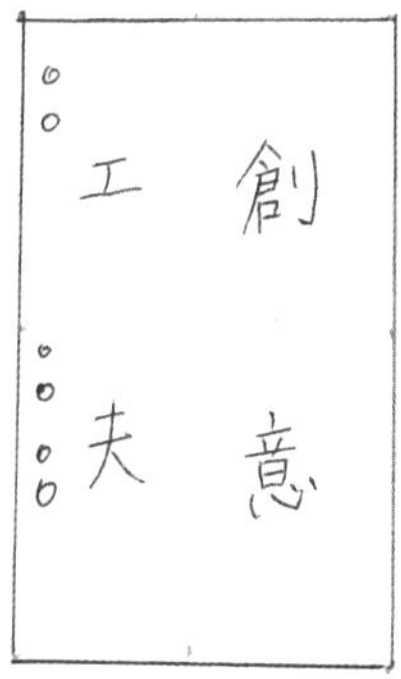

筆跡指導

全体的に文字を大きく書くよう指導した。特に毛筆では、「好きな一文字」をたくさん書いてもらったが、大きく、太く、力強く書けたので、内なるエネルギーはあると思えた。

指導後

●中学2年・12月頃、登校日数が多くなった。

大字になって、左右払いが長く伸び、外に広がる線が書けるようになった。受検を勧めた書写検定に見事合格し、自信が持てるようになり、書道の意欲も高まった。書道教室には毎週休みなく来てくれ、次第に登校日数も増え、教室にも入れるようになった。

大字　左右払い長い

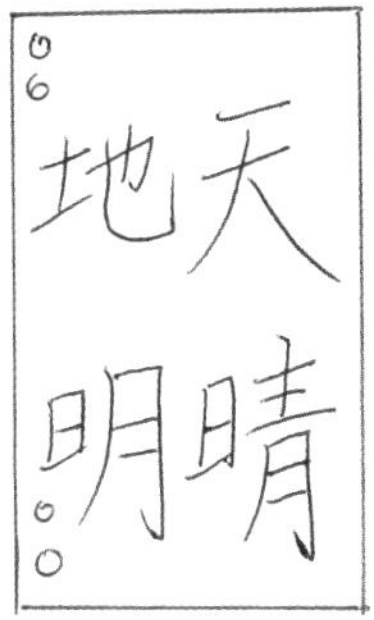

●中学3年・6月頃、不登校から脱出した。

自由に「好きな一文字」が書けるようになった。ノートの文字も標準の大きさに書けている。表情が明るくなり、活発になった。受験勉強も頑張り、毎日、登校できるようになった。

大字　左右払い伸び伸び

等間隔

※筆跡はイメージです。

事例4

言動の乱暴な子が落ち着きを取り戻した。（小学6年・男子）

状況

物の扱いや、言葉遣いが乱暴。ゴミを遠くから投げて捨てる、ツバを吐くなどの言動があったため、保護者が心配し、筆跡診断をしてほしいと依頼があった。筆跡には「こころの信号文字」が見受けられた。

筆跡

●小学6年・4月——言動が乱暴で荒れている頃

線衝突、線が交差する書き方に抑えられない気持ちが表れ、言動が乱暴であることと一致している。

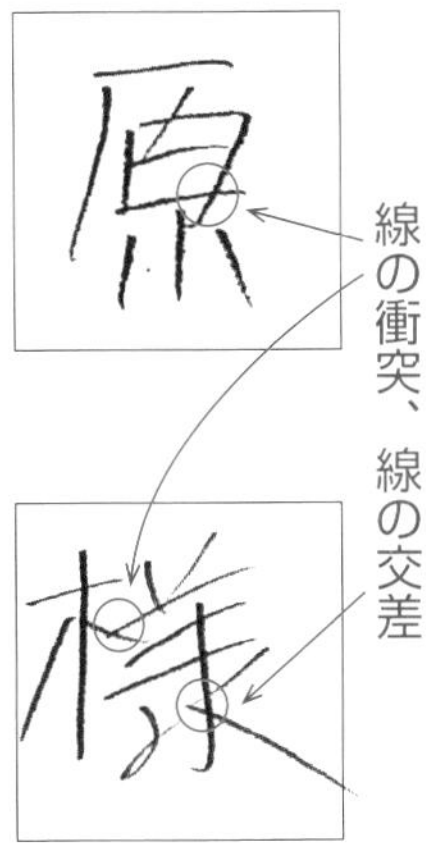

乱暴な書き方

筆跡指導

意識的に収筆をゆっくり、丁寧に書くよう指導した。線衝突や線の交差をさせないようにし、等間隔にするように指導した。

指導後

●小学6年・7月頃、言動が静まってきた。

収筆が止められ、等間隔性が出てきた。線の衝突、線の交差が減少した。イラつく様子もなく落ち着きが見られた。スポーツや勉強も頑張れるようになった。保護者の努力もあり、問題行動の心配がなくなった。

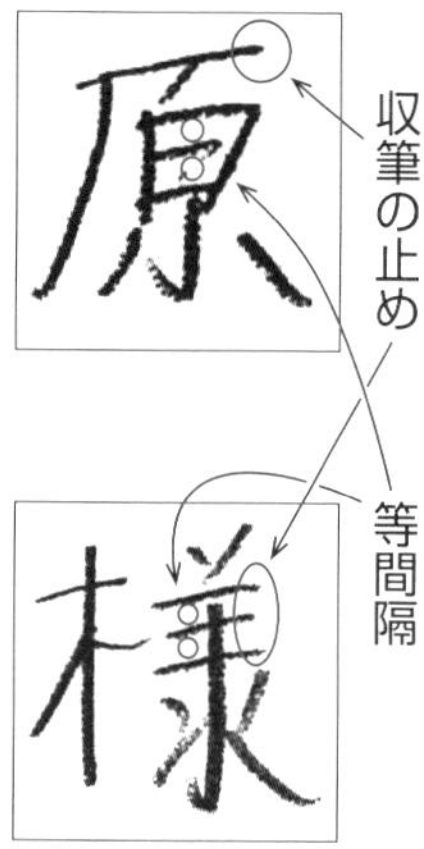

丁寧な書き方

事例5

グループから仲間はずれにされ、人間不信になった。（中学1年・女子）

状況

小学6年のとき、いつも仲良くしていた友達が、自分抜きで遊んでいることを知った。そのことを友達に伝えると、「なんでそんなことを気にするの？」と言われ、相手にされなかった。中学生になると、次第に会話も少なくなり、人間不信になってしまった。

筆跡

●中学1年・4月——中学進学時

等間隔でバランスのとれた書き方に、調和を保ち、論理的に考える傾向が見られる。転折の丸み、はね・筆圧の軽い書き方に、穏やかで優しい性格が見て取れる。

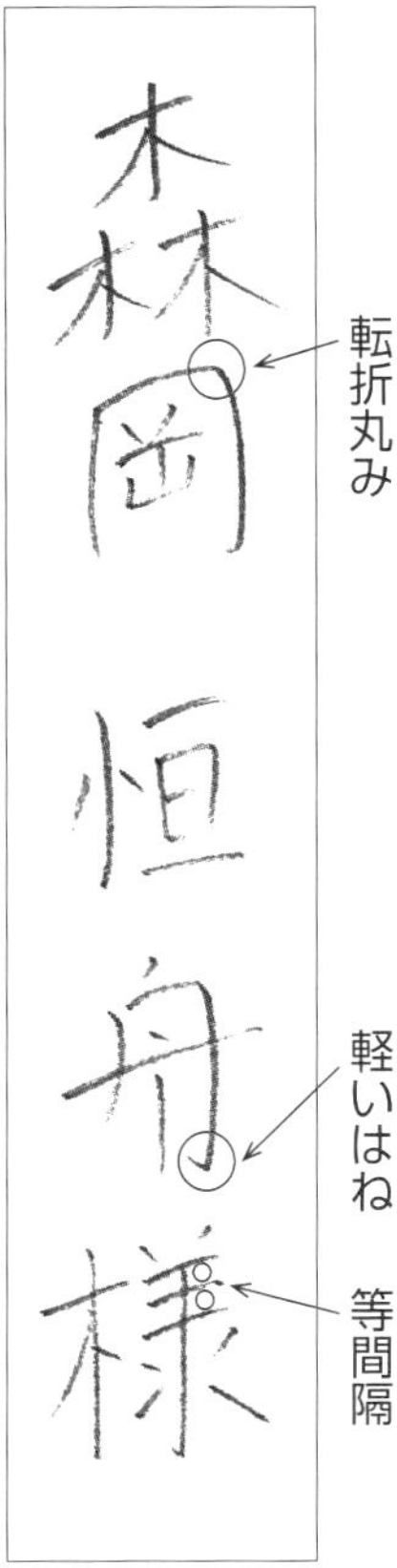

●中学1年・10月頃——筆跡が変化し、「こころの信号文字」が表れた。

開空間が狭くなり、下狭傾向に心理変化がよく出ている。不安感で心が閉鎖的になっていることが「こころの信号文字」として出てくるようになった。

筆跡指導

「岡」のように構えのある字は、下方が狭くならないようにし、傾いていた縦線は、真っすぐにするように指導した。傾きの不揃いが目立っていた「様」の縦線二本も、同様に真っすぐに書くように指導した。

指導後

●中学2年・10月頃、こころが安定してきた。

文字の傾きが安定し、開空間が広くなった頃には、友達のことが気にならなくなった。やや大字、筆圧が強めになってきたことは部活も勉強も頑張れていることと一致している。

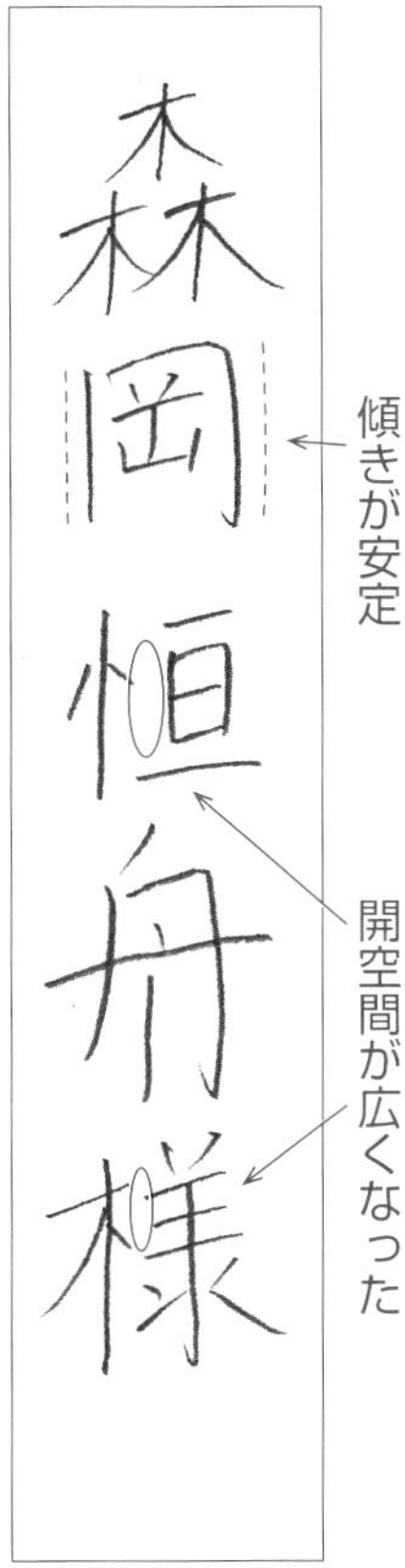

事例6

両親の離婚で、いろいろできなくなって辛かった。（小学4年・男子）

状況

両親の離婚をきっかけに、イライラしたりとこころが不安定になり、クラス委員の仕事ができなくなったことをクラスメイトに責められた。親族から両親のことをいろいろ言われても、「パパ、ママが大好き」と話してくれた。内弁慶であったが、「外ではおとなしく、人に好かれる子です」と、保護者から聞いていた。

筆跡

●小学4年・4月――問題がなかった時期

接筆閉じ・転折角・はね傾向からは真面目で誠実、起筆すなお・等間隔性からはすなおで優しい性格がみてとれる。

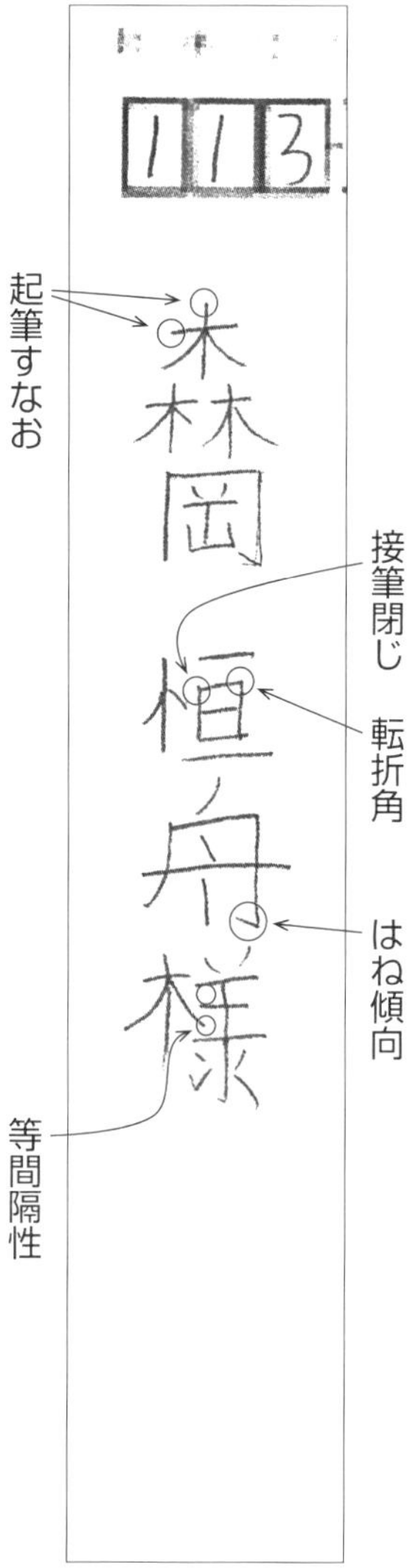

●小学4年・11月――「こころの信号文字」を発見

筆跡が変化し、不安定な危うい状態を示す「こころの信号文字」が現れた。大字、筆圧のムラや線のゆれ、非等間隔から感情の起伏やイライラするなどのこころの状態が読み取れた。

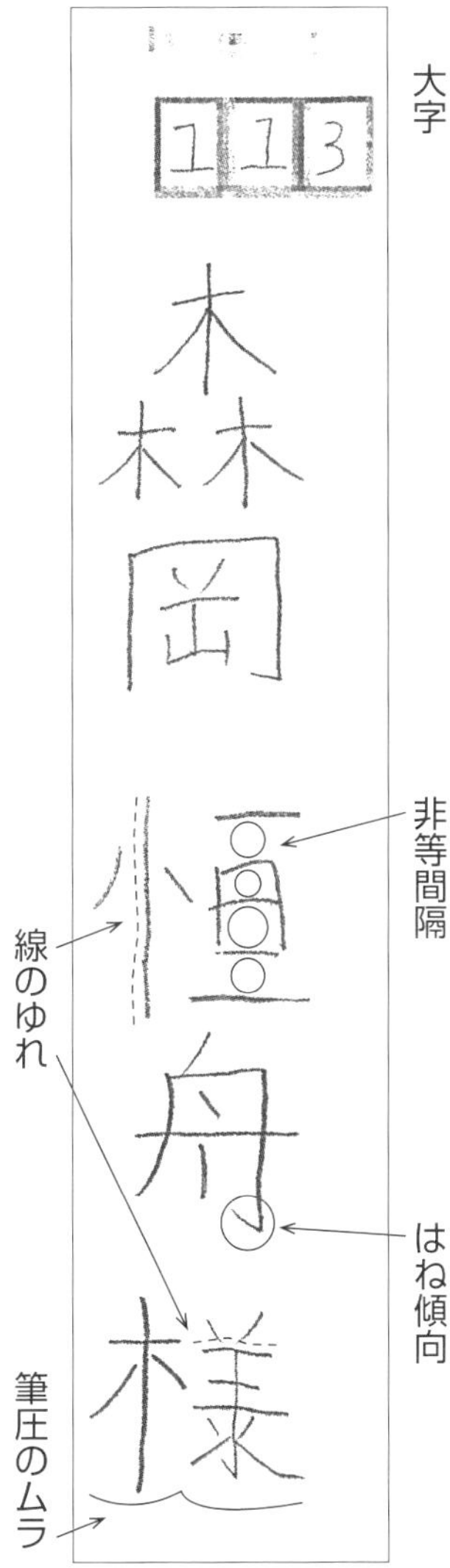

筆跡指導

等間隔、傾きは右上がりにするよう指導した。一字書きをたくさん書いてもらった。この子どもは漢和辞典を見るのが好きで、面白い当て字を見つけて書いたり、意味も教えてくれた。

指導後

●小学5年・3月頃、こころが安定して行動力も元に戻ってきた。

文字の大きさが元に戻り、筆圧のムラ、線のゆれがなくなった。等間隔性が高まり、右上がりに統一できてきた。少しずつこころの安定感が出てきている。

頭部長突出が所々に出てきたのは、「学校でいろんな役がやれるようになったよ」と、楽しそうに話してくれたことと一致している。

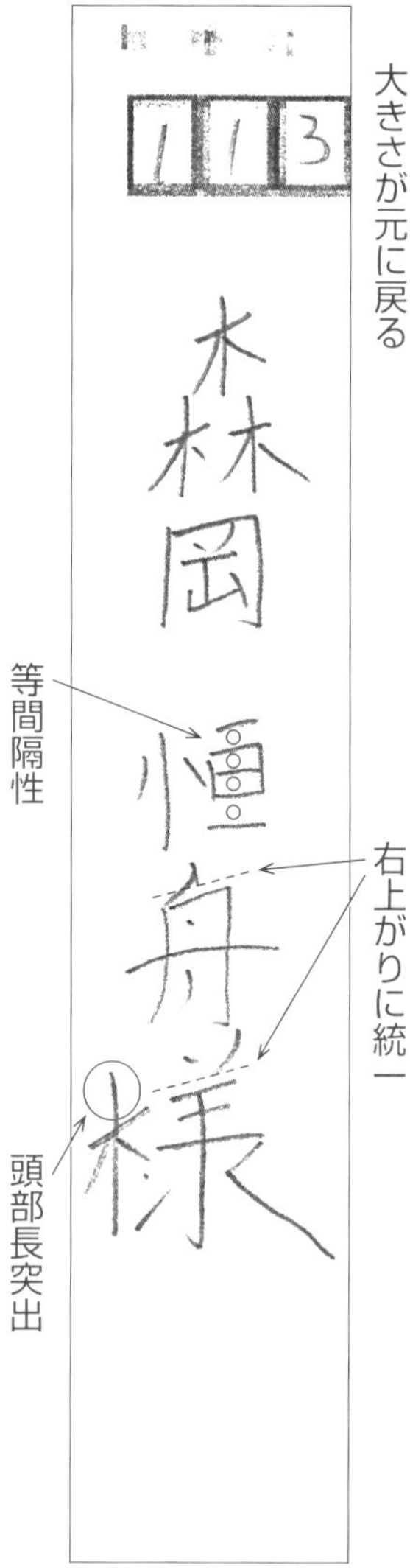

事例7
友達と一緒に喧嘩騒動を起こしてしまった。（中学2年・男子）

状況

中学2年になった頃から、喫煙や服装、生活態度の乱れ、学習意欲の低下に加え、金遣いが荒くなった。保護者から、問題行動を起こす心配があるので筆跡診断をしてほしいと依頼された。1年半前からのノートを見せてもらうと、半年前から乱雑な文字が表れており、心理変化が推測された。

筆跡

●中学2年・4月――こころが荒れている状態

線衝突、線の交差、他に大字、はね強、左右払い長すぎの書き方は、気持ちが抑えられない「こころの信号文字」として解釈できる。他に、開空間狭、はねなし、左右払い短小、筆圧のムラから、気の弱い面がある（保護者の話と一致）。その後、保護者の対応も及ばず、友だちに引きずられて他校の生徒と喧嘩して補導されてしまった。

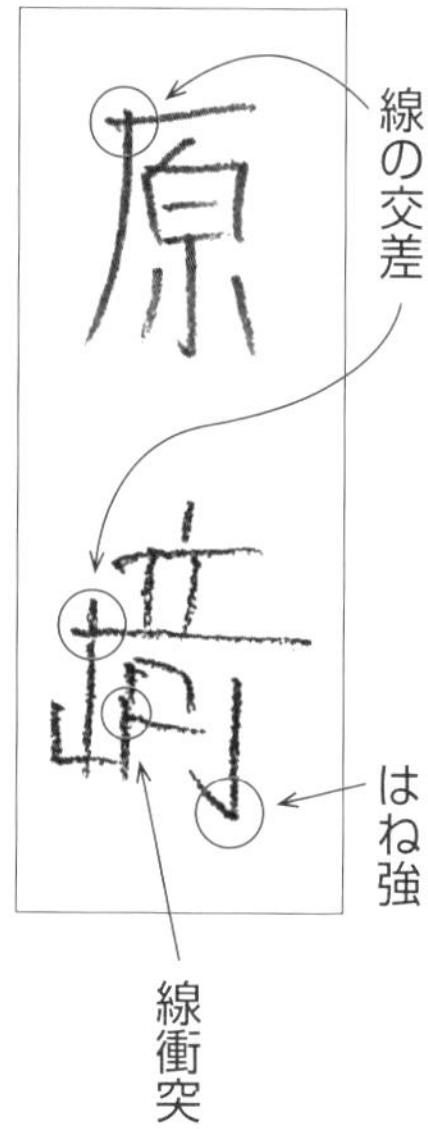

筆跡指導

線衝突や線を交差させないようにし、等間隔にするよう指導した。

指導後

●中学2年・8月頃、少しずつ、荒れがおさまってきた。

何回かのトレーニングを経て、線衝突、線の交差、左右払い長すぎが減少し、文字の大きさが小さくなった。接筆閉じ、等間隔性が増加し、自制心が出てきた。開空間が少し広くなったことから、こころが穏やかになってきていることと一致している。

その後、保護者の努力もあって解決に向かい、元に戻れそうとの報告があった。

事例8 学校に行きたくない。（中学1年・女子）

状況

クラスに不良っぽい子がいて足などを蹴られる（自分以外の人も蹴られている）、友達の相談に乗ってあげたのに悪口を言われた、数学が苦手で成績が上がらず困っているが、先生との相性が合わず、相談できない…などということがあり、学校生活の何もかも嫌になってしまった。頭がガンガンと痛み、学校を休むようになった。

筆跡

●中学1年・1月——学校に行きたくない状態

行ブレ、縦線の傾きが不揃い、字間ツマリ、頭部突出ぎみから、気持ちに落ち着きが持てずにイライラしている状態が「こころの信号文字」として表れている。他にも、行右寄り・小字であることに、皆から離れたい心理や学校に行きたくない気持ちが表れている。

筆跡指導

傾いている縦線は、真っすぐに、行もブレないように指導した。

指導後

●中学1年・12月頃、気持ちが安定してきた。

傾きが一定し、行ブレが改善した。等間隔性が高くなったところに気持ちの安定化が見て取れる。嫌なことがあっても、少し大丈夫になったと話してくれ、学校を休むことはなくなった。

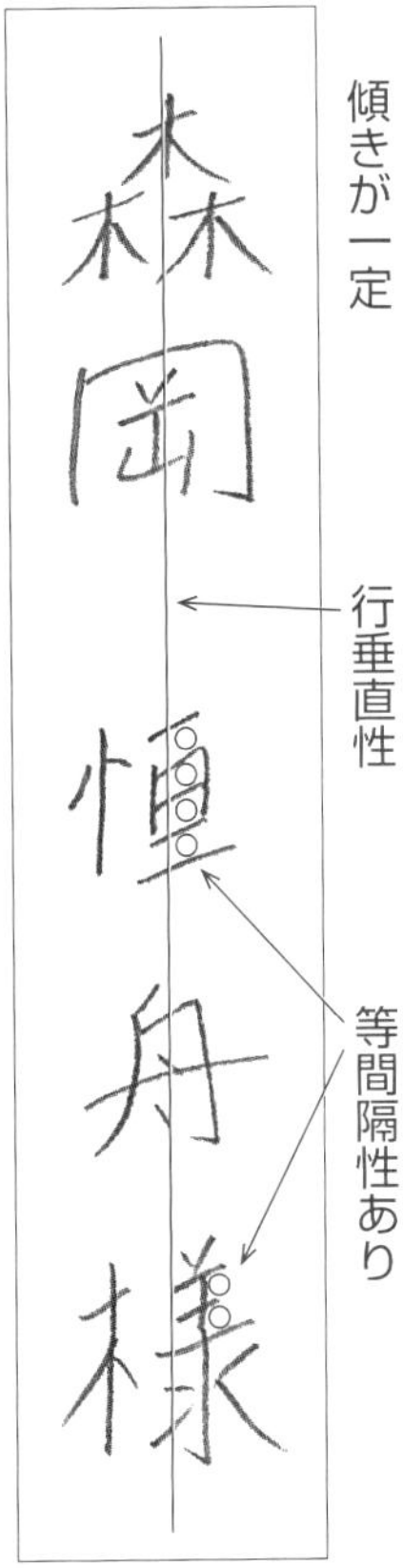

事例9
受験勉強で心身がパンク寸前。（小学6年・女子）

状況

明るくて活発な子が私立中学校の受験勉強に取り組むうちに、うつむいて話もせず、暗い表情を見せるようになったので、筆跡診断の依頼があった。後日、もらった筆跡に「こころの信号文字」が表れていた。保護者は子どもが無理していることに気付いていたが、目標の学校に入ってほしい気持ちがあり、子どもの頑張りを止めることができなかった。

筆跡

●小学6年・10月――こころが叫んでいる状態

右下がり、右傾、大字、直線的で角ばっている書き方の変化が「こころの信号文字」であり、心身がパンク寸前の状態を表していた。

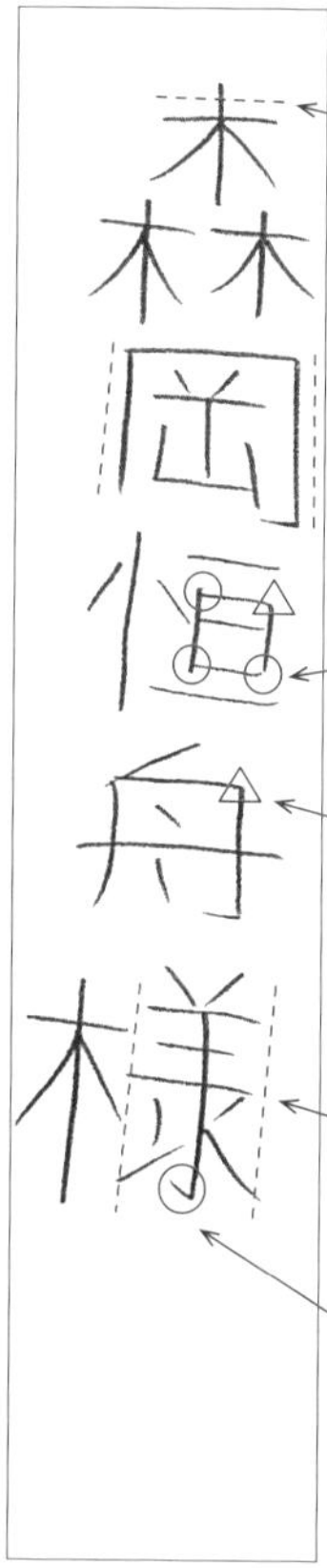

筆跡指導・保護者へのアドバイス

接筆閉じ、転折角、はね強の筆跡特徴から、保護者には「無理をして頑張っていると思われるので、本人の話を聞いてあげてほしい」とお願いした。
筆跡指導は、右上がりにゆっくり書くようにアドバイスをした。

指導後

●中学1年・6月頃、元気になり、以前の状態に戻った。
やや右上がり、大きさが元に戻った。はりつめたような直線的な書き方がなくなり、傾きが安定している。家族の努力もあって、少しずつ明るくなり、文字もいつもの形に戻ったと保護者から報告があった。

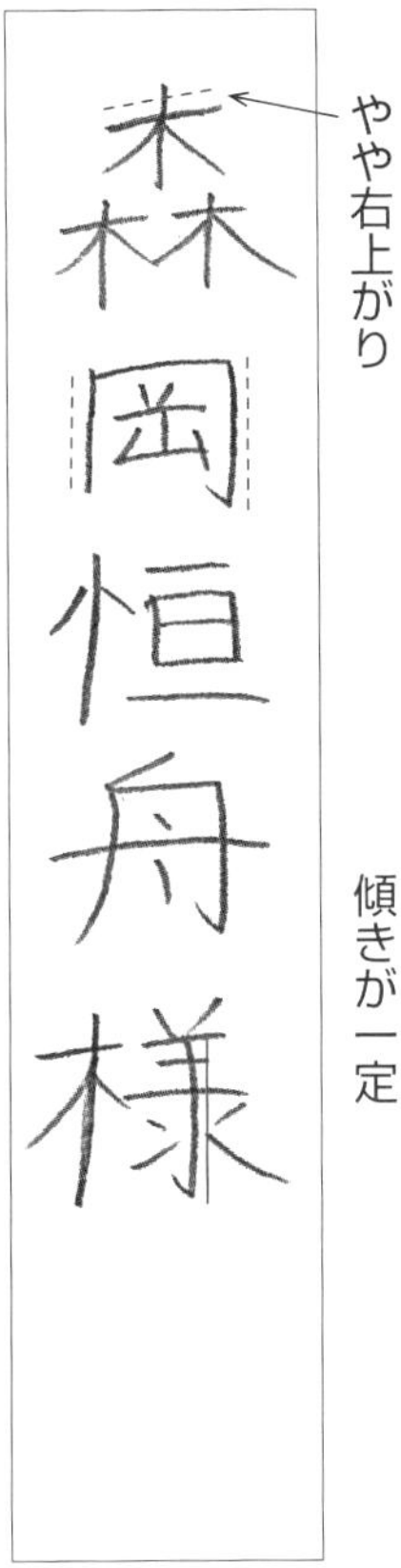

第4章

子ども筆跡診断の実践
——筆跡とこころ

どのように診断していくか？

第2章・第3章で筆跡診断の基礎・基本、実際の事例を学んだところで、子どもの筆跡診断を実践してみましょう。実際にどのように診断していくか、場面別に解説していきます。

1. 子どもの性格を把握する

普段の文字や文字の配置・配列の特徴から、性格や個性・行動傾向のおおよそを把握することで、その子どもに合わせた対応や指導をすることができます。また、初めて担任として接する子どもの特性を知る手がかりにもなります。

●性格と筆跡特徴の例

（1）大きい文字で伸び伸びと書いている。
↓元気で活発。

（2）小さい字で、丁寧に書いている。

→こつこつ型、自分の領域で頑張る。

（3）止め・はね・払い・接筆閉が出来ている。

→行動のけじめがつけられ、物事をきちんと成し遂げられる。

（4）頭部突出傾向・起筆ひねり・等間隔傾向がある。

→自分の考えにこだわり、頑固さがある。

（5）大きさのバラつき、行のブレがある。

→元気になったり、落ち込んだりと、感情の起伏・気分のムラがある。

（6）筆圧強で乱暴な書き方・線衝突や、線の突出（必要以上に長い線）、などがある。

→自己中心的で感受性が強く、人や物に向ける気持ちを抑えられない。

2. 毎日の文字（ノート、提出物など）から、心身の健康診断をする

最大のチェックポイントは「こころの信号文字」（第3章参照）です。問題行動を起こす子どもや、こころの悩みを抱える子どもの筆跡には、一定の傾向が見受けられます。普段の文字を把握していれば、毎日子どもの文字に触れる教師がいち早く「こころの信号文字」や筆跡の変化をキャッチでき、より早い対応ができます。

子どもは感情変化が激しく、成長も早いので、もともと筆跡の変化が大きい傾向にありますが、こころの悩みや問題が表面化する前から「こころの信号文字」や文字の変化として表れていることがあります。そのため、預かったノートやドリルなどに日付を書き、時系列で追えるようにすると効果的です。

例えば、きちんと書いていたが、あるときから書きなぐっているケースや、大きく伸び伸び書いていたが、急に小さい文字になっているなど、経過観察することで、こころの変化の時期を予測することが可能です。

●病欠や不登校などで欠席が続いている場合に文字を入手する方法

筆跡診断用紙（第3章参照）や欠席届などの書類を本人に書いてもらいます。欠席届は、名前、月日、欠席理由など項目を多くすれば文字数が多くなり情報も多くとることができます。場合によっては、手紙でやり取りするなど何らかの形で、文字を手に入れれば、子どもの状態を知る手がかりが得られます。

●「こころの信号文字」を見つけた場合

「こころの信号文字」は要注意の筆跡ですが、必ず問題行動を起こすと決めつけることはできません。子どもや保護者と話し合うきっかけにし、その上で行動や様子を観察していくことが必要です。「自分の変化に気付いてもらえている」「自分を見ていてくれている」と子どもが思えたら、子どもから胸の内を話してくれるかもしれません。

筆跡改善が子どもを変える

コミュニケーションツールとして重要な文字・文章は、人が見たときに見やすくなくては内容が伝わりにくくなってしまいます。その点でも、乱暴であったり、雑で読めない文字は改善する必要があるでしょう。

これまでの章では、筆跡診断によってその人を知ることができると説明してきました。一方で、その逆も成り立つことがわかっています。つまり、**筆跡を改善するという行動が、無意識のうちに深層心理に働きかけ、その人の性格や思考、心理、行動を変えられることがある**のです。この方法は、カウンセリングの世界では筆跡による性格・行動診断や心理改善療法として活用されるようになっています。

しかし、逆にいえば、**「こころの信号文字」を書き続けてしまうと、今何事もなくても、危うさが深層心理に潜み続け、大人になってから問題が表面化する**ことも考えられます。

子どもの文字は通常、きちんと学べば成長と共に少しずつ見やすく整った文字になりますが、いい加減に学べば読みづらい不揃いの文字になります。また、環境の変化やこころの変化があれば、自分自身では意識していないにもかかわらず、深層心理が文字に反映して、文字の変化が見られます。

ですが、**こころの信号と個性を混同しないように気を付ける**必要があります。文字にはその人の個性も表れますが、望ましい個性として見られる筆跡は大切にしてよいのです。

筆跡改善の要否は、筆跡型の「性格や行動傾向」（第2章）を参照し、その子どもの日頃の言動や行動変化などによって、改善するか、しない方がよいかを総合的に判断していきます。例えば、標準よりも線が長い場合、突然そういった書きぶりになったのではなく、一貫したクセで、自然に伸び伸びとしているのであれば、改善する必要はありません。

筆跡と深層心理

いつも小さな文字を書いているおとなしい子どもが大きな文字を書けるようになると、明るく活動的になる傾向があります。小さな文字に蓄えていた心的エネルギーが外に向かって解放され、伸び伸びとしてくるからです。その伸び伸びとしたこころは、文字の大きさに比例して表れます。

また、はねを書く習慣のない子どもがはねを書く習慣を身に付けると、粘り強さや責任感が強くなったりします。はねる前にいったん止まってからはねるという書字行動が、自身の日常の行動のあり方を変え、こころのあり様を変えていくのです。例えば、答案を書き終えたテスト用紙をもう一度見直すようになったり、忘れものはないかを確かめたり、物事を成し遂げようとするようになります。はねを書く習慣のない子どもは、淡白で、さっぱりしていることが多く、粘り強さや責任感が不足しがちです。はねずにサーッと書くのは、淡白な行動傾向が文字に反映されているからです。

また、そのときの環境や心理状況、体調などによっても、筆跡は変化してきます。例えば、

- 楽しいことや嬉しいことがあれば、心的エネルギーがみなぎり、いつもより筆圧が強めになったり、大字になるなど活力を感じさせる文字になる。

- 止め・はね・払いがなく、力のない書き方をする子どもが目標や夢を見つけて頑張るようになると、止め・はね・払いなどが自然に出てきて力強い文字になる。
- 大きな文字を書いている元気な子どもが辛い体験や悩みを抱えると、こころが萎縮し、体を縮めるようになる。同じように文字も、小さい文字や、閉じられた空間や線と線の間が狭くなったり、空間がつぶれたりして苦しみを表わす筆跡になる。文字をきちんと書こうと思っても上手く書けないこともある。

ということが起こってきたりします。

このように、文字を書く手は深層心理を反映して動いています。**こころの中が瞬間的に文字に表れる**からです。手本を見て書いても、書いた人によって違う筆跡になるのは、どうしても自分が出てしまうからです。

よい筆跡が定着すれば、深層心理も変わる

文字の書き方を変えるということは、いつもの習慣の書き方を変えるということになり、自分の深層心理とは異なる書き方になるので、最初は書きづらさが生じます。文字を

改善するには、「こうなりたい」という本人の意志と努力が必要です。したがって、よい筆跡を定着させるには、子どもが筆跡を改善する気持ちになるように指導していくことが大切です。

まずは、心理状態を良好な状態にすること、そして望ましい筆跡が書けるようになることが目標です。良好な心理状態を効果的に脳に定着させるためには、**将来の目標や夢などを持たせ、その願いが叶えられたことをイメージさせてみる**とよいです。そうして文字トレーニングをしていくと、効果的に望ましい筆跡が定着していきます。例えば、頑張る力がつくはねが自然に書けるようになっていくことで、少しずつ深層心理に影響を与え、こころのあり様が変わり、行動傾向も変わってくるのです。文字を意識的に変えることで、行動やこころも変えることができるのです。

筆跡改善指導（筆跡カウンセリング）の進め方

筆跡改善指導は、言い換えると「**筆跡カウンセリング**」といえます。筆跡カウンセリングは、心理カウンセラーの資格がなくても、比較的容易に、手軽に取り組むことができます。子どもが心に問題を抱えたときは、保護者や友人に悩みを打ち明けたり、学校では担任や話しやすい教師に相談します。不登校やこころの悩み、問題行動は体の病気と同じように、早期発見、早期改善がもっとも大切です。そのためには、もっとも身近にいる保護者や担任教師の気付きと対応が何よりも重要であることは既に述べた通りです。ただし、筆跡診断後の面談や話し合いで、こころの病や発達障害、ＤＶなどの専門的で深刻な問題の怖れを感じた場合には、教師と保護者がよく連携をとって、養護教諭やスクールカウンセラー、精神科医、場合によっては教育委員会や関連行政機関の力を借りることが必要です。

では、筆跡で子どもの黄色信号や赤信号をキャッチした場合、どのように筆跡カウンセリングを進めていけばよいのか、その進め方について解説します。

（1）子どもとの信頼関係を築く

精神的な発達段階にある子どものこころはとても敏感です。こころの悩みを打ち明けるのは、自分が一番信頼している相手に対してだけであり、指導やアドバイスを受け入れるのも、そうした関係の大人からの場合がもっともこころに届きます。したがって、子どもの問題や悩みに向き合う保護者や教師は、日頃から信頼関係を築いておくことが筆跡カウンセリングの前提になります。

(2) 傾聴と共感、寄り添う気持ち

筆跡を見て、筆跡改善指導をしてあげた方がよいと感じたときは、まずは情報収集と分析から始めます。具体的には傾聴、つまり、子どもの思いや気持ちをじっくり聴いてあげ、事実関係や状況を明確にしなければなりません。そして、話を聴くときには共感の姿勢と寄り添う気持ちを持つことが大切です。共感とは、子どもと同じ感情になることであり、訴えのすべてに賛成することではありません。こうした態度や姿勢を見せることで、子どもは素直に自分のこころを開くようになり、筆跡カウンセリングに入っていくことができるのです。

(3) 目標や夢を明確にする

次に、子どもが問題や悩みを解決し、どんな自分になりたいのか、どんな状態になりたいのかをハッキリさせましょう。目標や願い、夢が自覚できれば、人はそこに向かって頑

張る気持ちになれるので、筆跡改善のアドバイスを受け入れる態度が整うのです。無理やり文字を変えさせようとしてもうまく続かないですし、効果もありません。

（4）筆跡改善に取り組む気持ちにさせる

子どもが、自分の悩みや問題を何とかしたいと思えたら、いよいよ筆跡改善に取り組むよう勧める段階に入ります。筆跡を改善することでなぜ元気な自分になれるのかなど、筆跡とこころの関係を子どもに説明していきます。この場面では、子どもの発達段階や興味・関心事などに応じて柔軟に説明する必要があります。相手によっては難しい理屈ではなく、「ここを◯◯のように書けるようになれば、元気な気持ちになれるんだよ」などと、感覚的な説明の方がよい場合もあります。

（5）筆跡改善のアドバイス

前向きな気持ちになったところで、文字のどこをどのように改善したらよいのかを具体的に指導します。問題となる筆跡の改善目標の形は、主として、第2章「子ども筆跡診断マニュアル」に示した筆跡改善ポイントや第3章「「こころの信号文字」改善事例」を参照して下さい。全体的に文字のバランスを整える必要がある場合には、書写の教科書を手本にするとよいでしょう。

(6) 筆跡改善指導の手順

❶「筆跡改善ノート」を作る

少し大きめのマス目が入ったノートを用意します。そのノートで練習し、提出してもらいます。

筆跡改善に使う文字

- 名前など、本人がよく書く文字・知っている文字を使う。漢字の場合は1学年くらい下げた文字を使用する。
- 等間隔を身に付けてほしい場合は、横線または縦線の多い文字を使用する。
  例）日、目、言、島、川、冊、重、皿など
- はねをつけてほしい場合は、はねのはっきりした文字を使用する。
  例）子、光、見、向、礼、羽など

❷「赤信号」の文字から改善する

改善してほしい筆跡がたくさんある場合は、問題の大きい順に一つずつ集中して改善に取り組むように指導します。「こころの信号文字」のうち、まずは赤信号を示している筆跡から優先的に改善するようにアドバイスしましょう。

また、一つの改善が他の筆跡にも影響を与えることがあります。例えば、小さい文字を大きくしてほしい場合は、左右の払いを伸び伸びと書くように練習することで、文字が自然と大きくなっていきます。

●枠はみ出しの改善

・枠はみ出しは、自己中心的な子どもに多く見られる。この場合は、枠内に収まるように指導する。

指導例）「元気いっぱいだね！でも枠からはみ出してしまっているね。枠をよく見て、枠の中に入るように書くとかっこいいよ」

●小字の改善

・小字は遠慮がちな子ども、消極的な子ども、自信のない子どもなどに多く見られる。この場合は、大きめの文字にするよう指導する。

指導例）「丁寧に書けているね。でももう少し大きく書いてみようか。頑張る力が湧いてくるから、夢が叶うかもよ！」

●全体的に文字が整っていない場合の改善

●文字の止め、はね、払いなどができていなかったり、閉じるべきところで開いていたり、角ばるところが丸まっていたり、傾きが不安定、乱雑な書き方などは、標準的な文字になるよう指導する。

指導例）「文字（筆圧）が薄く（弱く）力がなくて、元気がないかな？ 力を込めて、丁寧に書き始めて、途中の止めやはね、払いをしっかり書いてみよう。元気が出てくるよ」

どんな子どもでも、必ずよい文字があります。例えば、乱暴なはね方でも、「頑張る力があるんだね」と、はねが書けていることをほめてあげましょう。そして、「はねる前に、いったん止まってからていねいにはねると、もっといいはねになるよ」と説明するようにしましょう。

❸改善できたらほめる

練習ノートを提出してもらったら、練習したことも含め、少しでもよくなってきたところを見つけてたくさんほめてあげましょう。同時に、こころや状況、行動の変化を聞き、効果が出てきたら共感して喜び合い、変化がなければ、今後どうしていったらよいかを一緒に考えるようにします。

筆跡改善が身に付くまでには多少時間がかかります。「もういや…」とか、「全然うまく書けないからやめたい」とならないように、モチベーションを下げずに、継続して取り組めるように工夫することも必要です。例えば、練習ノートでよく書けたところに花マルやマル印をつけてあげ、達成感を感じられるようにするとよいでしょう。こうした些細な工夫が、子どもとの信頼関係を築いていくことにもつながります。

筆跡が全体的によくなり、こころや行動のあり様が落ち着いてきたら、改善された書き方を継続するように指導して、筆跡カウンセリングはひとまず終了です。

しかし、筆跡改善で誰もがすべて問題を解決できるかといえば、そうではありません。問題行動やこころの悩みの起こりやすさ、発生理由、継続環境は、実に様々です。その子どもに合ったその他のカウンセリング技法や指導方法も活用しながら、問題行動やこころの悩みの予防、再発防止、回復に努めていきましょう。

第5章

書写の活用と重要性

これまでの章では、人の性格や行動傾向が文字の書き方に表れること、前章では、文字を変えることでこころのあり様を持ち直せることを述べてきました。ということは、**しっかりした文字を書けるようにすることがいかに重要であるか**ということになります。そこで活かしていただきたいのが、学校での**書写**の時間です。

書写については、学習指導要領にかなり細かく規定されています。最新の小学校・中学校の学習指導要領「国語」の「知識・技能」においては、書写は我が国の言語文化として身に付けるべきことに位置付けられ、内容的にもきめ細かい表現となり、指導のポイントがわかりやすくなったのではないでしょうか。

注目すべき点として、各学年の書写部分の書き出しが、「書写に関する事項について指導する」から「書写に関する事項を理解し使うこと」に変わったことがあげられます。これは、子どもたちに書写に関してよく理解させた上で、日常的に使えるようにするという意味合いと、教師自身が書写をよく理解しておき、使えるようにさせるということも考慮していると思います。

「書写、特に毛筆の指導は自信がない」「筆の持ち方をどう指導したらよいのかわからない」といった教師の声を聞くことがあります。子どもたちに書写を指導するには、まず教師自身が書写に関する知識や技能を深め、自信をつけておくことが重要です。書写教育全般については、クラスの傾向や特性にあわせて年間授業計画（シラバス）を作成して計画的に授業を進めることが大切です。各年度の始めには、言語文化や、文字の大切さに加えて、「文字は自分の性格やこころと体の状態を表すものなので、文字を書くことは自分を表現することと同じなんだよ。だから、自分に向き合うつもりで文字に向き合いましょうね！」などと付け加えると、文字を書く意義が伝わるでしょう。書写の授業では、子どもたちが楽しく、集中できるものになるように工夫したいものです。

そこで本章では、筆跡診断や筆跡カウンセリングの視点から、書写教育の参考になることを紹介していきます。

学年別の指導法

小学校低学年

ひらがな、カタカナ、漢字の学びは、小学校1年生から始まりますが、ひらがな・カタカナがおぼつかないうちに学ぶ漢字は、字形の把握ができず、大きさの不揃いや傾きの不安定な文字になっていることがあります。この時期に、文字を書く姿勢や筆記具の持ち方を含む正しい文字の書き順や字形を覚えさせることで、落ち着かない授業態度や不安定なこころにもよい影響を与えることができます。

毛筆を使うのは3年生からですが、今回の学習指導要領改訂で小学校1・2年生では「水書用筆等を使用した運筆指導を取り入れるなど、早い段階から硬筆書写の能力を高めるための関連的な指導を工夫することが望ましい」（『小学校学習指導要領（平成29年告示）解説　国語編』、文部科学省、166頁）とされています。この時期に水書用筆（すいしょようひつ）を使用して、「点画」の起筆（始筆）から、送筆、収筆（終筆）（止め、はね、払い）までの一連の動作を繰り返し練習することは、学習活動や日常生活において、硬筆で適切に運筆する習慣の定着につなげることができます。水書用筆は、扱いが簡便で弾力性に富み、時間の経過とともに筆跡が消えるという特性があるので、墨の汚れの心配もなく、低学年段階から硬筆書写の能力を高めるのに有効です。

小学校中学年

小学校3・4年生になると徐々に自我が芽生え、友達関係で問題を起こすことも増えてきます。こうした子どもは、ひらがな、カタカナが整って書けていないことが多いようです。文字の形を整え、漢字やかなの大きさ、配列に気を配ることは、こころを整えることにつながります。問題のある子どもや心配のある子どもには、特に目配りして指導してあげてください。

小学校高学年

小学校5・6年生の頃になると、第二次性徴期を迎え、身体的にも精神的にも大人に近づきます。ストレスを感じることも多くなり、いじめや人間関係のトラブルが目立ってくることもあります。そうしたトラブルを抱えた子どもは、これまで文字を習ってきたにもかかわらず、第3章で紹介したような「こころの信号文字」が出てきてしまっていたりします。

書く早さや、筆の動かし方のレベルアップを図りつつ、「こころの信号文字」の改善や、意識的に文字を大きく、力強く書かせて、文字を書くことでストレスを発散させるように工夫します。

中学校

小学校高学年から中学校にかけては、反抗期も重なり、不登校がもっとも多く発生し、その指導や対応に保護者や教師を悩ませる時期になります。

中学校からは行書も学ぶようになるので、個性やこころの状態が筆跡により顕著に表れるようになります。書写の時間では、こうした子どもたちの傾向やクラスの特徴に合わせ、筆跡カウンセリングの観点を取り入れた授業内容にしたり、指導をしたりしていくことで、問題の未然防止や問題解決の一助にしていくことが望まれます。

不登校の子には、提出物や筆跡診断用紙のやり取りなどを通して、筆跡診断・筆跡カウンセリングを行いつつ、書写教育も行っていくとよいでしょう。

内容別の指導法

毛筆の活用

小学校3年生から毛筆の学習が始まりますが、毛筆学習は硬筆による書写の能力の基礎を養うよう指導することとされています。現代では、日常的に毛筆を使う機会は少なくなっているものの、日本の文字文化の理解や、ひらがな・カタカナ・漢字を正しく学ぶ上で、毛筆には欠かせない二つの利点があります。

一つ目は、**意識と文字の関係が理解しやすい**ことがあげられます。毛筆では手を大きく動かすため、必然的に文字を大きく、太く書くことになります。すると、文字がよく目に映り、筆を持つ手にも筆の動きがはっきり伝わってくるので、文字を構成する要素である点画（起筆、送筆、収筆）や筆圧など、それら一つひとつを確かめることができるのです。毛筆で字形、運筆、筆順をきちんと学ぶことで硬筆も上達します。

二つ目は、書き方からは、ゆっくり・速く・太く・細く・力強く・集中してなど、書いたときの感触を、用具からは、大筆・小筆・墨の濃淡・潤渇・紙の材質・大きさなどから**文字の表情やリズム感を味わえる**ことです。これは硬筆ではなかなかできないことなので、ひらがな・カタカナ・漢字が持つ独特の字形を理解することにもつながり、美意識も育ててくれるのです。

楷書と行書の位置づけ

楷書では、起筆（始筆）、送筆（折れ・反り・曲がりなど）、収筆（終筆、止め・はね・払い）の3段階をはっきりさせることによって、筆跡診断の世界ではけじめのある行動がとれることにつながるといわれています。

中学校で学ぶ行書は、楷書を実用的にした書体で、線を続けて書いていきます。楷書の四角が丸に、直線が曲線に変わっていきます。角の真面目な感覚とは違った丸の規則にとらわれない柔軟な感覚は、書く速度、字形、線質など、変化自在に書けるので、一つの文字も変わって見えます。行書の柔軟な感覚によって社会性が育まれ、こころのバランスが取れるようになっていきます。また、行書は想像力や表現力を豊かにしてくれます。

書道教室での指導事例

学校での書写の時間を有意義な時間にしていただくために、筆者の書道教室の書写教育事例を紹介します。

1．毛筆は学年・段階に応じた課題に挑戦

小学生の課題は楷書で、各学年で学ぶ文字や季節に関する言葉をお手本にします。紙は半紙を四つ折りにして、2～4文字を枠の中にきれいに収めます。枠を社会に見立てて、枠からはみ出さないように、文字と文字がぶつからないように、大きすぎず、小さすぎないように空間をとるように指導します。止め・はね・払い・閉じる・折れの角をきちんと書けることは、社会のルールや約束を守り、友人を思いやれるようにもなるからです。

中学生の課題は、各学年で学ぶ文字や季語や四字熟語などの言葉をお手本にします。基本的には、まずは楷書を教え、楷書が正しく書けるようになったら行書に進みます。行書を始めたばかりの頃は、運筆がスムーズにいかないので、行書の基本を繰り返したり、一字書きを行書で行ったりします。

2.「好きな一文字を書こう」

共通の課題として、「好きな一文字を書こう」というイベントを行います。子どもたちはこれが大好きです。字選びは、季節の言葉、夢や希望、好きなこと・もの、嬉しかったこと、今日あったことなどを、一文字に例えます。書きたい字が思い浮かばない時は漢和辞典から見つけます。

選んだ字を筆で表すには、どんな書き方にしようかと創造力が湧きます。例えば、「手」という字を書いてみるとします。赤ちゃんの「手」は小さく可愛らしく、お母さんの「手」はやさしくなめらかで、お父さんの「手」は大きく力強い。ある子は、「うちは、お母さんの手の方が大きくてガッチリしているよ」と、子どもが感じた「手」を書いています。「風」を選んだ子には、「どんな風？」「そよ風」なら軽やかにサーッと、「嵐ふく風」は太く荒々しく書いてみようか」と、アドバイスします。「岩」を選んだ子には、紙をクチュクチュと揉んで、抵抗をつけてみます。線はでこぼこになり、ごつごつとした「岩」になるのです。「大きな岩」なら、「石の部分の口を大きく書いてみようか」などと、あれこれ考えてみる楽しさを味わってもらいます。

字選びを含めて、「好きな一文字を書こう」には、そのときの深層心理が大きく反映されます。どんな字を選ぶのか。選んだ字から、どんなことに関心があるのか。何が心に止まるのか。選んだ字とその書き方から、今の気持ちを伺い知ることができます。「私は「桃」が好きだから「桃」を書こう」「ママは「海」が好きだから、お誕生日プレゼントに「海」を書いてあげたい」「栗ごはんが食べたいから「栗」にしよう」。いじめられていたある子は「虎」「強」「殴」などを書いていました。悔しい思いでしょうか、「いじめるな」と叫んでいます。一文字に悔しい思いを凝縮しているかのように大きく、太く、強く書いているのです。

一文字は大きく書けるので、子どもたちは目をみはり、生き生きと書きます。ストレスを発散し、嬉しいことや悔しいこと、願いや夢を込めた一文字は、頑張る力そのものになっていきます。書写の授業の終わりに取り入れてみるとよいかもしれません。

3．硬筆は基本を押さえ、文字のトレーニングを

硬筆は、学年や発達段階に応じた文字の習得と、書写の基本がしっかり身に付くように、苦手な文字を中心にトレーニングしていきます。硬筆もその日の気持ちが表れるので、不安定な文字、心配な文字があれば、そっと声をかけ、明るく元気な文字が書けるように指導します。

4．作品が書けたら自己評価をして、他の人にも評価してもらう

作品が書けたら、「○枚も書いて、頑張ったね！どれがいいか一緒に見ようか。自分ではどれがいいと思うかな？」と聞きます。するとA君は、「1枚目はよく書けたけど、名前のところが曲がっちゃった。2枚目ははねがよくできたけど、となりの文字にぶつかってしまったからだめだなぁ。3枚目は形がよかったけど、大きくなり過ぎたから×にします。また、書いてみます」と自己評価しました。

次に、周りの友人やお姉さん、お兄さん、おばさん、おじさんたちに見てもらうと、「A君いつも頑張っているね。今日も上手に書けてるよ」「もう少し太くするともっとよくなるよ」と、ほめてもらえたり、アドバイスされたりして、A君はさらに頑張る気持ちにな

ります。今度は逆に、「A君、見てくれるかな。どっちがいいと思う?」と、友人や歳上の人から声がかかります。A君は、「こっちの方が大きさが揃っていて、きれいだよ」と、堂々とコメントしてくれるのです。

この方法は、ほめられてやる気を高める効果を持つとともに、自分の作品に向き合い、作品を見直したり、誰かの作品を評価してコメントするために文字を真剣に鑑賞するので、観察力を養うことができます。これが、文字の上達にもつながるのです。

5. 漢和辞典で文字の意味を調べる

漢字の意味を知っていても漢和辞典を引くようにします。漢和辞典にはその漢字の複数の意味や、その文字関連の熟語群が書いてあるので、その字がどのような使われ方をする字なのかといった知識が得られます。文字の成り立ちを調べるときは、白川静『字統』を子どもと一緒に読んでみます。

あるとき、小学5年生の男子が「背中の「背」を書いてみたい!先生、背はどうして「北」と「月」でできているの?」と質問してきました。早速、漢和辞典で「背」の意味を調べ、「背中」以外の熟語も見て、「背」の意味をよく理解しました。『字統』によると、

「北」の部分は2人が背中合わせになった形であり、体の部分を示す「月（にくづき）」を組み合わせて「背」という字が作られたことがわかりました。その子は、さらに月（つきへん）と月（にくづき）の違いもわかって誇らしげでした。

こうして漢字そのものに関心を持ってもらうことで、探究心も育てています。漢字の学習や書写の授業の際、漢字の成り立ちがわかると、字も覚えやすくなります。ぜひ授業にも取り入れてみてください。

「間」を大切に

文字のバランスがとれ、一体感のある文字が書けるようになると、人と人との間がとれるようにもなります。文字はコミュニケーションの大事なツールです。そういう意味でも、書写教育は重要な役割を担っているといえます。昨今は、学習指導要領の改訂対応や取り組むべき課題も多いことから、ややもすると書写の時間を少なくせざるを得ないケースもあるようですが、書写教育や筆跡の重要性を考慮して、できるだけ時間をかけられるようにしてほしいと思っています。

おわりに

私たちが住む日本は、漢字・ひらがな・カタカナという3種類の文字を持つ、世界的にも珍しい言語文化の国です。

昨今は情報化社会の進展にともなって、パソコンやタブレット端末、スマートフォンなどが普及し、手書きで文字を書く機会が大幅に減りつつあります。文字を書く行為は、自己表現の手段として大変優れているとともに、漢字を覚え、文章を考えるという脳を刺激する上でもとても大切なことです。加えて、本書で述べてきたように、筆跡とこころの深いつながりを考慮するならば、手書きで正しく文字を書く習慣をつけることがいかに重要なことか、ご理解いただけたと思います。

この正しい文字の書き方を身に付けることは、性格や思考、こころの状態、行動傾向との関係を意識して、年齢的には早ければ早いほど望ましいのです。筆者の幼少期には、近所に書道教室がたくさんあって、大人も子どもも日常的に書写教育に触れる機会が多かった記憶があります。現在は書道教室を見かけることはとても少なくなってしまいましたが、小学校、中学校、高等学校等において、学習指導要領に基づく書写教育が充実してきと考えています。

ました。家庭や地域社会における書写教育も、何らかの形で整えていかなくてはいけない

２０２０年は、世界中が１００年に一度という新型コロナウイルス感染症による大被災に見舞われました。新型コロナウイルスの感染拡大は多くの患者・死者を出しただけでなく、リーマンショックを超える地球規模での経済的なマイナス影響や、日常生活のあり方・働き方にまで影響を及ぼしました。子どもの世界を見てみると、幸い感染者数は少なかったものの、長期休校による巣ごもりや分散登校、オンライン授業、学校行事のあいつぐ中止など、例年とは違う学校生活・家庭生活を送ることになり、学習面の遅れに加え、ストレスによる多くの問題が発生しました。ストレスは、イライラや不安感といった感情面だけでなく、頭やお腹が痛い、眠れないなどの身体反応、落ち着かない、モノに当たる、食欲の増減、多弁になったり、無口になったりなどの行動反応として表れ、うつや不登校といったこころの問題も発生させました。テレワークなどで在宅時間が増えた保護者のストレスが子どもへのパワハラやＤＶを発生させたことも問題になりました。

保護者や教育関係者は、日頃から子ども見守り、その状態や変化を把握しながら、適宜、適切に対処し、教え、育み、安心・安全な環境を提供するべく努力しているわけですが、

大人自身も、コロナ問題で過去に経験したことのない多くの場面・状況に遭遇し、戸惑ったのではないでしょうか。こんなとき、早い段階で子どもの内面的なこころや状態を的確に把握できれば、適切に対処してあげられるに違いありません。その手立ての一つとして、筆跡診断の知識やノウハウが広まっていけば、何かとストレスの多い現代社会を安心して元気に生きていけるようになるでしょう。

私たちは新たな試みとして、地元の神奈川県で開いている「こころの相談室」で数年前から従来のカウンセリングに筆跡カウンセリングを積極的に取り入れ、徐々に成果を上げられるようになってきました。筆跡の世界はまだ研究・発展段階にあるので、今後も筆跡診断や筆跡カウンセリングによって社会に貢献するとともに、さらに多くの知見を得て、皆様に有益なノウハウを提供できるよう努力を続けて参る所存です。

最後に、本書の出版にあたり、企画・構想段階からご指導・ご支援いただいた学事出版の二井様、編集担当の丸山様にはこころより感謝申し上げます。

2020年11月

村山千佳子+山上隆男

引用・参考文献

新垣千鶴子・中野晃男『現場教師ができる「励ましカウンセリング」』学事出版、2015年
石崎泉雨『子どもは文字で訴える』ワニブックス出版サービス、2009年
石崎泉雨『わが子の筆跡で「いじめ」が見抜ける』講談社、2013年
白川　静『新訂　字統』平凡社、2004年
日本筆跡診断士協会教科書編集委員会『筆跡診断　基礎編』相藝会、2011年
平形精逸他『新編　新しい書写一～六』東京書籍、2014年
福井統翠『ハッピー家族の筆跡診断』砂書房、2005年
森岡恒舟『筆相判断』光文社、1983年
森岡恒舟『新・書道講座』相藝会誌「相藝」2007年4～9月号
森岡恒舟『新版　筆跡の科学「書は人なり」という真理』和器出版、2020年

著者紹介

村山　千佳子（むらやま・ちかこ）

筆跡診断士、筆跡カウンセラー、書道塾経営、ハートケアさがみはらスタッフ

1954年生まれ。新潟県出身。日本筆跡診断士協会認定筆跡診断士、書道師範。毛筆・硬筆書写技能検定1級、漢字技能検定1級、共創カウンセラー1級。長年、筆跡診断・改善指導及び診断士養成にたずさわり、講義・講演多数。同時に不登校・ひきこもりをなくす活動に従事。

山上　隆男（やまがみ・たかお）

ハートケアさがみはら代表、共創カウンセラー、専門校スクールカウンセラー、全国総合学科高等学校長協会顧問

1946年生まれ。栃木県出身。1969年、東北大学工学部卒業。エンジン開発職・人材育成職を経て、日本初の民間人校長（東京都立つばさ総合高等学校）、総合学園ヒューマンアカデミー校長。長年、不登校・ひきこもりをなくす活動に従事。共著「課題達成実践マニュアル」（日科技連出版社、2001年）「課題達成に役立つツール」（日科技連出版社、2010年）他。

文字からわかる子どもの心理
― 教師のための筆跡診断マニュアル ―

2021年2月13日　初版第1刷発行

著　者 ―― 村山 千佳子 ＋ 山上 隆男
発行人 ―― 花岡 萬之
発行所 ―― 学事出版株式会社
〒101-0021　東京都千代田区外神田2-2-3
☎03-3255-5471
HPアドレス　http://www.gakuji.co.jp

●編集担当 ―― 丸山 英里
●デザイン ―― 細川 理恵
●編集協力 ―― 田辺 友紀子
●印刷・製本 ―― 電算印刷株式会社

ISBN 978-4-7619-2666-3　C3037　Printed in Japan